智能会计人才培养新形态系列教材

RPA财务机器人实训教程

余冰冰　刘梅娟　主　编
龚玲玲　钟　燕　张雪英　副主编

清华大学出版社
北　京

内 容 简 介

本书内容包括 RPA 认知、RPA 实施方法论、UiPath Studio 的安装与使用、Excel 自动化、Web 自动化、E-mail 自动化、自动记账机器人、杜邦分析机器人、询证函自动填写机器人及 RPA 在智能会计中的应用趋势。

本书采用了项目制教学模式，任务明确，处理步骤清晰，以 UiPath Studio 软件为蓝本，深度挖掘 RPA 财务机器人的典型应用场景，从理论到实践，从活动到流程，从模块到综合，从个人应用到企业应用，循序渐进，突出重点，符合职业教育特点。

本书可作为高等院校会计学、财务管理、审计学、大数据与会计、大数据与财务管理、大数据与审计等财经类专业的教材，也可作为企业财务人员和 IT 人员实施和管理 RPA 项目的参考读物。

本书封面贴有清华大学出版社防伪标签，无标签者不得销售。
版权所有，侵权必究。举报：010-62782989，beiqinquan@tup.tsinghua.edu.cn。

图书在版编目(CIP)数据

RPA 财务机器人实训教程 / 余冰冰，刘梅娟主编；龚玲玲，钟燕，张雪英副主编. —北京：清华大学出版社，2024.6

智能会计人才培养新形态系列教材

ISBN 978-7-302-66414-7

Ⅰ.①R… Ⅱ.①余… ②刘… ③龚… ④钟… ⑤张… Ⅲ.①财务管理－专用机器人－教材 Ⅳ.①F275 ②TP242.3

中国国家版本馆 CIP 数据核字 (2024) 第 111444 号

责任编辑：刘金喜
封面设计：常雪影
版式设计：芃博文化
责任校对：马遥遥
责任印制：刘　菲

出版发行：清华大学出版社
网　　址：https://www.tup.com.cn，https://www.wqxuetang.com
地　　址：北京清华大学学研大厦 A 座　　邮　编：100084
社 总 机：010-83470000　　邮　购：010-62786544
投稿与读者服务：010-62776969，c-service@tup.tsinghua.edu.cn
质 量 反 馈：010-62772015，zhiliang@tup.tsinghua.edu.cn

印 装 者：三河市龙大印装有限公司
经　　销：全国新华书店
开　　本：185mm×260mm　　印　张：15　　字　数：356 千字
版　　次：2024 年 7 月第 1 版　　印　次：2024 年 7 月第 1 次印刷
定　　价：58.00 元

产品编号：102664-01

前言

新一轮技术革命，特别是数智技术的飞速发展，对会计行业产生了深远影响，推动了会计理论、职能、组织方式和工具的变革。财政部于2021年印发的《会计行业人才发展规划(2021—2025年)》和《会计信息化发展规划(2021—2025年)》指出，RPA财务机器人等自动化工具的推广，使会计工作数字化转型得以深入，同时也使得行业对数智化复合型新型人才的需求越发迫切。当拿起本书的这一刻，我们就已经迈入了财务自动化技术的前沿领域。本教程编写的目的是为读者提供一套系统的、实践导向的RPA学习路径，使其在Excel、Web和E-mail三个关键领域内，将财务流程自动化提升到一个新的水平。

本书内容可分为理论篇、开发应用篇和综合案例篇。其中，理论篇主要介绍了RPA相关基础知识与RPA项目实施方法论；开发应用篇主要阐述了UiPath Studio的安装与使用方法，并以RPA在Excel、Web和E-mail模块的应用场景为例，详细介绍了板块的流程设计和活动的灵活使用；综合案例篇以自动记账机器人、杜邦分析机器人和询证函自动填写机器人为例，介绍了RPA在财务会计、财务管理和审计中的典型应用场景，以及RPA在智能会计中的应用趋势。

本书特色

1. 理论与实践相结合，知识与案例相结合

本书不仅理论清晰，还侧重实践操作。每个章节都提供了详细的案例和实际操作步骤，可以使读者通过动手实践更好地理解和应用RPA技术，从而解决实际的财务问题。

2. 囊括RPA在Excel、Web和E-mail应用中的大量活动

本书通过财务场景讲解了RPA在Excel、Web和E-mail三个领域内的应用，使得读者既理解了自动化场景，又掌握了活动的应用。

3. 精选典型应用案例，贴近企业实际

本书以RPA在财务会计中的自动记账机器人、在财务管理中的杜邦分析机器人、在审计工作中的询证函自动填写机器人为例，通过真实场景案例的开发实训，使读者能够从理论学习、案例应用到RPA工具的开发实践，全方位地掌握RPA技术。

配套资源

本书提供教学大纲、教学课件、教学设计、案例源程序、案例操作视频、思政元素等教学和自学资源，以帮助读者更好地理解和实践财务领域的机器人流程自动化，从而提升效率、降低成本，实现业务的良好发展。

上述课堂教学和学生自学资源可分别通过扫描下方二维码获取，案例操作视频还可通过扫描书中二维码观看。

教学资源

自学资源

适用对象和课程

本书可作为高等院校会计学、财务管理、审计学、大数据与会计、大数据与财务管理、大数据与审计等专业的RPA机器人应用、会计信息系统等相关课程的教材，也可作为企业业务人员和IT人员实施和管理RPA项目的学习用书。

未来展望

RPA技术正在不断发展，其应用领域也在不断扩展。在财务领域，RPA机器人的应用将会越来越广泛，它们将承担更多的重复性和规则性任务，释放财务人员的时间和精力，使其专注于更高价值的分析和决策工作。通过学习本书，我们不仅能够掌握当前最先进的RPA技术，还能够为未来的职业发展打下坚实的基础。

服务邮箱：476371891@qq.com。

余冰冰
2024年1月1日

目录

理论篇

第一章 RPA认知 ... 2
第一节 RPA概述 ... 3
　一、RPA的定义 ... 3
　二、RPA的特征 ... 3
　三、RPA的价值 ... 4
　四、RPA与传统IT系统的比较 ... 4
　五、RPA与自动化测试的比较 ... 5
　六、RPA与爬虫的比较 ... 6
　七、RPA与低代码的联系 ... 7
第二节 RPA产品的发展过程 ... 7
第三节 RPA产品的功能 ... 9
　一、RPA产品的分类 ... 9
　二、RPA产品三件套 ... 9
第四节 RPA行业发展现状及产品选型 ... 12
　一、RPA产业链 ... 12
　二、RPA产品 ... 13
　三、RPA生态 ... 14
第五节 RPA在财务领域应用的适用标准 ... 15
　一、业务量大且动作重复 ... 15
　二、明确清晰的业务规则 ... 16
　三、投资回报 ... 17
　四、RPA的可扩展性 ... 17

第二章 RPA实施方法论 ... 19
第一节 RPA项目实施全生命周期 ... 19
　一、发现与规划 ... 19
　二、流程分析 ... 20
　三、流程构建 ... 21
　四、验收与发布 ... 24
　五、运行、监控与评估 ... 25
　六、迭代/退役 ... 25
第二节 RPA交付文档 ... 26
　一、可行性分析文档 ... 26
　二、流程定义文档 ... 27
　三、流程详设文档 ... 28
　四、流程测试报告 ... 31
第三节 RPA项目团队及职责 ... 32
　一、RPA项目团队组建 ... 32
　二、RPA工程师 ... 33
　三、RPA架构师 ... 35
　四、RPA业务分析师 ... 36
　五、RPA项目经理 ... 36
　六、RPA基础设施工程师 ... 36
第四节 RPA项目交付 ... 37
　一、传统RPA交付 ... 37
　二、敏捷RPA交付 ... 38
　三、RPA项目敏捷管理 ... 38

开发应用篇

第三章 UiPath Studio的安装与使用 ... 44
第一节 UiPath Studio简介 ... 44
　一、产品介绍 ... 44
　二、UiPath Studio的下载、安装与激活 ... 46
　三、管理活动包的设置 ... 54
第二节 UiPath Studio的界面 ... 55
　一、"主页"界面 ... 56
　二、"设计"界面 ... 62
　三、"调试"界面 ... 66

第三节 开发第一个机器人 ………………… 68
第四节 基本语法 ………………………… 75
　　一、数据类型 …………………………… 75
　　二、变量 ………………………………… 78
　　三、运算符 ……………………………… 81

第四章 Excel自动化 ………………… 85
第一节 Excel概述 ………………………… 85
　　一、Excel的基本结构 ………………… 85
　　二、Excel常用活动 …………………… 86
第二节 数据汇总机器人 ………………… 88
　　一、需求分析 …………………………… 88
　　二、使用工作簿活动开发 ……………… 89
　　三、使用Excel传统活动开发 ………… 94
第三节 数据筛选机器人 ………………… 99
　　一、需求分析 …………………………… 99
　　二、使用Excel新式活动开发 ………… 101

第五章 Web自动化 …………………… 113
第一节 Web概述 ………………………… 113
　　一、Web简介 …………………………… 113
　　二、Web环境准备 ……………………… 114
第二节 数据抓取机器人 ………………… 115
　　一、需求分析 …………………………… 115
　　二、开发步骤 …………………………… 116
第三节 数据填写机器人 ………………… 123
　　一、需求分析 …………………………… 123
　　二、开发步骤 …………………………… 124

第六章 E-mail自动化 ……………… 134
第一节 E-mail概述 ……………………… 134
　　一、E-mail简介 ………………………… 134
　　二、E-mail环境准备 …………………… 134
　　三、E-mail的相关活动 ………………… 137
第二节 群发邮件机器人 ………………… 137
　　一、需求分析 …………………………… 137
　　二、开发前准备工作 …………………… 138
　　三、开发步骤 …………………………… 140
第三节 群收邮件机器人 ………………… 148
　　一、需求分析 …………………………… 148
　　二、开发步骤 …………………………… 149

综合案例篇

第七章 自动记账机器人 …………… 158
第一节 场景描述 ………………………… 158
第二节 流程设计 ………………………… 160
　　一、流程整体设计 ……………………… 160
　　二、开发前准备 ………………………… 161
第三节 流程实现 ………………………… 165
　　一、创建项目 …………………………… 165
　　二、"登录系统"模块 ………………… 167
　　三、"输入凭证"模块 ………………… 170
　　四、输出结果消息框 …………………… 181
　　五、调试运行结果 ……………………… 181

第八章 杜邦分析机器人 …………… 183
第一节 场景描述 ………………………… 183
第二节 流程设计 ………………………… 186
　　一、功能模块详细设计 ………………… 186
　　二、项目文件结构设计 ………………… 187
　　三、创建项目 …………………………… 188
　　四、PDF程序包安装 …………………… 188
第三节 流程实现 ………………………… 190
　　一、获取文件路径 ……………………… 190
　　二、循环读取PDF文件 ………………… 191
　　三、循环读取指标数据 ………………… 202
　　四、输出结果消息框 …………………… 207
　　五、调试运行结果 ……………………… 208

第九章 询证函自动填写机器人 …… 210
第一节 场景描述 ………………………… 210
第二节 流程设计 ………………………… 213
第三节 流程实现 ………………………… 214
　　一、数据准备 …………………………… 215
　　二、生成询证函 ………………………… 218

**第十章 RPA在智能会计中的
　　　　　应用趋势** ………………… 225
第一节 RPA与其他数智技术的融合 …… 225
　　一、RPA与大数据技术的融合在智能
　　　　会计中的应用场景 ………………… 225

二、RPA与NLP的融合在智能会计中的
　　应用场景 ………………………… 226
三、RPA与知识图谱的融合在智能会计中的
　　应用场景 ………………………… 226
第二节　RPA技术发展趋势 ……………… 227
一、RPA+AI发展趋势 ……………… 227
二、RPA SaaS化技术发展趋势 …… 228
三、RPA+流程挖掘技术发展趋势 … 229
第三节　RPA助力企业财务数字化
　　　　转型 ……………………………… 230
一、完善财务数字化组织结构 …… 230
二、强化岗位职能升级 …………… 230

理论篇

第一章和第二章为理论篇,内容包括:RPA的定义、特征和价值;RPA产品的发展过程和功能;RPA行业发展现状;RPA项目实施方法论;等等。了解此篇内容有助于建立系统化的RPA财务机器人理论框架。

第一章 RPA 认知

人类社会发展的根本动力是生产力的发展，而生产工具是生产力发展水平的主要标志。人类社会发展经历了石器时代、农业时代、工业时代和信息化时代，在这个过程中人类一直在努力通过技术和工具来提高社会生产力。同人类社会发展一样，生产力也是企业发展的决定因素，随着信息化时代的到来，计算机技术广泛应用于各个行业中。计算机技术在促进企业管理、运营、生产、销售等活动中展现了广阔的应用前景，极大地促进了企业生产力的发展。计算机技术的发展日新月异，RPA(robotic process automation，机器人流程自动化)作为发展过程中的产物之一，在如下背景下应运而生。

(1) "人口红利"的消失。随着经济的飞速发展，"人口红利"逐渐消失，企业的人力成本持续上涨，让企业过去那种通过人力打通系统数据、以"人肉"连接系统与系统的方式，变得不再经济。

(2) 信息化系统间形成"数据孤岛"。随着企业数字化转型的加深，企业的业务系统呈指数级增长，系统与系统之间形成了若干"数据孤岛"。有些企业的系统是外购的，系统本身不提供后台API(application programming interface，应用程序接口)进行数据传输；有些外购系统提供API，但是需要企业支付昂贵的接口调用费用；很多系统可以通过改造来实现数据的传输或迁移，但是开发成本和风险都很高；有些企业中存在很多技术架构老旧的系统，无法与新系统进行数据对接；等等。在大量的异构系统、沉重的历史包袱、品牌系统人为构建的壁垒三座大山下，打破"数据孤岛"对大多数企业来说是一件难度大且成本高的事情。

(3) 人工智能、云计算技术的发展。人工智能、云计算等科学技术的不断发展和成熟，打破了以前自动化技术在很多场景下无法实现的桎梏，使得自动化技术的应用场景得到了很大的扩展。

第一节 RPA概述

一、RPA的定义

RPA是一种应用软件，通过软件技术模仿用户在计算机中的操作，来替代人工完成大量重复、规则明确的工作。RPA机器人并不是物理实体的机器人，而是计算机中的程序代码，工厂中的机器人可以替代工人的体力劳动，RPA机器人则可以替代办公室中员工的手工操作。本质上，物理机器人和RPA机器人都是通过技术手段来实现机器替代人工操作的，以达到提高企业生产力的目标。

二、RPA的特征

1. 模拟人在计算机中的操作

RPA机器人如同人类一样能够操作计算机中的应用程序，如浏览器、Office软件、邮箱、企业ERP软件等。同时，RPA可完全模拟人的操作行为和操作顺序。例如，人如果单击鼠标左键，那么RPA也会单击鼠标左键，单纯从计算机显示器上看是无法区分人工操作还是RPA操作的。

2. 基于一定规则

RPA机器人没有自己的思维，只会按照人类预先设计好的逻辑规则来执行任务。例如，财务人员使用RPA从Excel报表中获取数据，如果Excel格式固定，那么RPA机器人就可以按照固定规则去获取数据，但如果Excel格式不一或有非结构化数据，那么RPA机器人就有可能出现异常或停止工作。

3. 不间断工作

RPA机器人可以365天24小时不间断地执行工作，就如同一个不知疲倦的虚拟员工，可以处理大量的工作，提高企业的运营效率。

4. 非侵入式

RPA通过模仿人在应用系统的用户界面进行操作来完成工作，因此不需要更改应用系统的底层代码或访问数据库。RPA就像是连接器，可在不修改原有IT系统的同时将不同业务系统串联起来，因此RPA的非侵入式特征可减少RPA项目在实施过程中对原有应用系统的影响，使风险性更低。

5. 错误率低

人工操作会因为长时间工作感到疲劳从而导致操作错误，而RPA按照预先设计的规则执行工作，不会因为疲劳出现错误，因此使用RPA可以有效降低工作错误率。

三、RPA的价值

1. 提升企业生产效率

信息化时代企业中大量的工作都由员工手工操作计算机完成，而其中有很多重复、低价值的工作可以通过RPA实现自动化。同时，人每天的工作时间只有8小时，但机器人可以工作24小时，机器人的工作时长是人的数倍，因此使用RPA可大幅提升企业生产效率。

2. 节省企业成本

机器人相当于一个虚拟员工，远低于使用真实员工的成本，因此对企业来说使用RPA的性价比是非常高的。

3. 保障数据准确性

人长时间手工操作计算机会导致眼部和大脑疲劳，也会受到主观情感或外界因素的影响，从而不可避免地出现操作失误。而RPA机器人会按照既定的程序执行，不会疲倦也不会犯错，因此能有效地保障数据的准确性。

4. 提高合规性

RPA可以模拟人工操作，减少主观因素，避免敏感数据被人为窃取。同时，RPA会完整记录机器人运行的整个过程，满足审计要求，提高合规性。

5. 便捷易用性

通常，自动化流程使用RPA产品提供的低代码或无代码平台通过可视化拖曳和配置组件的方式来完成，入门简单，非IT人士也能轻松上手使用。

6. 可扩展性

RPA可以应用于多个领域和行业，适合大中小企业中简单或复杂的流程。

7. 提升企业员工满意度

RPA不是完全替代员工，而是将员工从烦琐的重复性工作中解放出来，让员工去从事更高质量的工作，从而提升企业员工的满意度。

四、RPA与传统IT系统的比较

传统IT系统是企业为了某种特定的用途而开发的信息化应用软件。RPA则是在人工智能和自动化技术不断发展的基础上，解决人类在传统IT系统上重复工作的技术，也被视为在信息时代释放人工劳动力的一种IT解决方案。当然，企业引入传统IT系统和RPA的最终目标是一致的，都为了提高企业自身的生产效率。那么传统IT系统和RPA到底有什么区别？下面将从开发流程、开发方式、开发成本、人员要求、适用场景五个方面来进行分析。

1. 开发流程

从开发流程上看，传统IT系统已经形成了标准的开发流程，包括需求提交、需求分析、架构设计、程序开发、程序测试、用户验收、系统上线等。RPA作为一种新型IT应用大体上也遵循传统IT系统的开发流程，只不过RPA在落地过程中细节有所不同。例如，企业采购的第三方ERP系统是直接运行在生产环境中的，而使用RPA操作ERP系统时会跳过测试环境直接在生产环境进行验证，因此可以看出RPA并不是严格按照传统IT系统的开发过程进行项目落地的，它需要参考现有系统的特点及环境等因素选择更合适落地的开发流程。

2. 开发方式

从开发方式上看，传统软件开发一般都会由专业的程序开发人员通过编写计算机程序代码的方式完成，而RPA不仅可以使用传统IT系统编码的方式进行设计，也可以采用低代码甚至无代码的方式完成。目前，市面上主流的RPA产品基本都支持程序语言编码和低代码两种开发方式。

3. 开发成本

传统IT系统功能相对复杂，研发周期比较长，参与开发的人员也比较多，因此开发成本相对较高。RPA一般是在现有流程的基础上进行自动化改造，就像是按照研发成功的产品设计图来组装零件一样，开发周期相对较短，同时参与开发的人员较少，因此开发成本较低。

4. 人员要求

从开发方式上看，传统IT系统的开发人员是具有一定程序编码经验的专业IT人员(如Java后端开发工程师、Web前端开发工程师等)，而RPA一般采用流程驱动设计，对人员的IT技能要求相对较低，面向的应用人员角色更广泛，可以是IT技术人员，也可以是产品经理、项目经理或其他业务人员。

5. 适用场景

传统IT系统适用于比较复杂的需求场景或全新的信息化系统需求，RPA是在现有信息系统的基础上使用自动化技术将多个系统串联起来。例如，企业财务部门需要一个快速记账、查账的系统来代替人工记账和查账，那么企业会通过引入一个成熟的IT系统(即电子财务系统)来满足需求；如果企业需要减少财务人员每天在多个财务系统之间进行信息查询和录入的工作量，这时就可考虑使用RPA。传统IT系统是实现一个功能或系统从无到有、从0到1的过程，而RPA则是将已经存在的多个孤立的系统串联起来，实现类似1+1的过程，因此两者并不是谁将取代谁的关系，而是互补的关系，RPA解决了传统IT系统间形成的"数据孤岛"的问题，打通了企业数字化的"最后一公里"。

五、RPA与自动化测试的比较

自动化测试是把人的测试行为转化为机器自动执行的一种过程。通常由测试人员根据测试用例中描述的流程步骤一步步执行测试，从而进行实际结果与期望结果的比较。在此过程中，为了节省人力、时间或硬件资源，提高测试效率，便出现了自动化测试的概念。RPA指的是使用自动化技术来代替人的手工操作，帮助人们处理重复性的工作，因此RPA也可以应用在自动化测试的场景中。从广义概念上看，RPA应用领域包含自动化测试领域。但在狭义概念中，两者还是有区别的，RPA与自动化测试的比较如表1-1所示。

表1-1　RPA与自动化测试的比较

对比项	自动化测试	RPA
目标	提升测试效率	提升企业运营效率
用户要求	有一定编程能力的软件测试人员	使用者更加广泛，如IT、产品、业务等部门的相关方均可使用
角色定位	测试人员的虚拟助手	企业内部的虚拟员工
展现形式	测试用例	业务流程
涉及应用	通常为单个应用	通常跨多个应用系统(如Office软件到邮箱再到Web浏览器等)
维护频率	针对UI类测试，经常会随着应用的更新进行同步更新，修改相对频繁	一旦构建完成且稳定运行，就尽量不修改，因此修改频度较低
应用环境	可以在测试、生产环境中运行	通常仅在生产环境中运行

六、RPA与爬虫的比较

爬虫是一种按照一定的规则，自动抓取网络信息的程序或脚本，而RPA也可以操作Web浏览器，自动从网页上抓取数据或图片，这一点和爬虫类似，那么RPA与爬虫有什么区别呢？下面进行具体介绍。

1. 技术原理

RPA是通过模拟人的方式在系统界面上进行各类操作，如单击鼠标、复制粘贴文本、打开文件或执行数据采集等。

爬虫通常是使用Python脚本语言通过发送HTTP请求，或者通过直接解析网页元素等方式来获取数据，抓取的数据量非常庞大。

2. 适合场景

RPA的应用场景更加广泛，可以在企业的各个部门使用，如财务部、人事部、采购部或市场部。在具体操作层面上，RPA可以自动查收和回复邮件、归档邮件中的附件，自动登录网站系统或桌面应用系统读取或录入数据，复制和移动文件，读取或写入文件数据，结合图像识别技术识别票据信息，等等。总之，企业中有固定规则的重复性的工作都可以由RPA实现自动化。

爬虫主要应用于网络上的数据采集，工作场景具有局限性。爬虫虽然采集数据的效率高，但会对后台造成巨大负担且易被反爬虫机制禁止。

3. 合规性

RPA的核心是"模拟人的操作"，因此它对系统的操作如同一个人在系统上的正常操作一般，不会对系统造成任何影响。RPA已经在银行、证券、保险、物流、政府机构等各个行业投入使用。

爬虫的合规性要视具体情况而定，但其多用于数据采集，因此涉及的工作很容易侵害个人隐私和企业的数据安全，应用方面始终存在争议，而不当使用更会直接带来法律风险，甚至是严重的法律后果。

七、RPA与低代码的联系

低代码开发是指无须编码或通过少量代码就可以快速生成应用程序的一种开发方式，它允许用户使用易于理解的可视化工具开发自己的应用程序，不同于传统的编写代码方式。从概念上看，RPA与低代码并无直接的关系，那么为什么有很多RPA厂商或用户将低代码开发与RPA关联起来呢？笔者认为有以下两个原因。

(1) RPA厂商希望通过在RPA工具中引入低代码开发来降低RPA工具的使用门槛，扩大RPA应用的用户群体，这样就能更好地推广其RPA产品。

(2) 从RPA产品角度看，RPA是机器人流程自动化，因此使用者首先应该是那些真正熟悉公司业务流程的业务人员，但是该用户群体通常缺乏IT技术背景，只能通过低代码的方式来完成自动化流程的设计。

从以上两个方面看，低代码开发将是RPA工具的一个发展趋势。

目前，RPA工具与低代码开发融合得还不够完善。市面上多家主流厂商的RPA工具在面对复杂业务场景时还不能完全做到无代码设计，并且部分RPA工具的功能依然按照IT程序员作为用户群体来设计。例如，有些RPA工具会使用"if判断"和"for循环"等组件，这些组件对于没有计算机基础的业务人员来说仍然较难上手。因此，RPA要达到适合多角色使用、完全无代码设计的目标依然任重道远。

实际上，RPA的最终目标是为企业尽可能多地实现业务流程自动化，并不是用低代码开发方式来替代传统编码开发方式。目前，低代码作为RPA产品的发展方向之一，深受RPA厂商的推崇。为了解决低代码与传统编码之间的选择问题，一些RPA厂商开始针对不同的用户推出不同的RPA产品。例如，UiPath针对一般开发者和专业程序开发者分别推出了不同的RPA产品Studio和Studio Pro。相信随着科技的不断创新及RPA厂商的共同努力，低代码开发方式与传统编码开发方式可以相互取长补短，在各自擅长的领域不断发展，未来RPA产品会被更多企业用户和个人使用。

第二节 RPA产品的发展过程

RPA应用软件并不是横空出世的，而是经历了很长一段时间的技术发展，才变得功能强大并被广泛应用。其实早期的自动化技术并不能称为RPA，但是它们不断启发着人类发展自动化的思路，随着云计算、人工智能等技术的不断成熟，RPA已成为企业进行数字化转型的重要工具，RPA行业也成为近年全球市场增长较快的新兴行业之一。

RPA产品是现代社会信息化发展到一个新阶段的标志，是计算机软硬件发展到一定程度的产物，当前正处在RPA产品蓬勃发展和进行大规模产业应用的阶段。从最早期的RPA雏形产品算起，RPA产品形态的发展大致分为以下五个阶段。

1. 自动化脚本阶段

使用计算机程序编写生成的可独立运行的自动化脚本，通常用于执行定时任务、实现自动化运维和测试，以及文件的复制转移处理等工作。严格来讲这些自动化脚本并不属于RPA产品，只是自动化处理的雏形。

2. 局部自动化阶段

该阶段的RPA软件类似于一个单机版的应用程序，主要部署在个人计算机上，已具备目前主流机器人流程自动化的功能，但是并不能实现多部门合作的业务流程，也不能将若干个部门合作的某一业务形成闭环，实现端到端的自动化。同时，这一阶段的RPA产品无法实现大规模应用部署，如无法批量操作Excel数据、无法自动处理客户资料登记等，属于单个操作员的桌面级别处理。因此，该阶段仍以员工操作为主，RPA用于辅助完成员工工作。

3. 全面自动化阶段

随着UiPath、Automation Anywhere、Blue Prism等RPA企业的共同创新和努力，逐渐形成了当前阶段RPA主要的产品形态——RPA产品三件套(RPA编辑器、RPA控制台和RPA执行端)，也称为DCC(designer-controller-client)结构。这一阶段RPA用来实现一个完整的业务流程自动化，同时随着业务需求的不断增加，一个RPA应用往往需要在多台终端上运行RPA程序，也可能需要数十人甚至数百人参与开发设计，因此RPA被设计为可实现跨系统协同、系统互联、数据集成的大规模集群部署。

4. RPA上云阶段

该阶段RPA依然采用主流的DCC结构，但不同的是RPA软件服务部署在了云上。云计算不仅为RPA提供了计算力的支撑，还节约了企业的服务器软硬件维护成本和场地成本。市面上已有很多RPA厂商提供RPA的云服务，用户可以根据各自不同的应用需求订阅不同的RPA云服务。RPA上云让RPA变得更加轻量级，降低了企业引入RPA的门槛。这一阶段RPA产品形态丰富，更利于RPA场景落地，使得RPA产品得到了前所未有的推广和应用。

5. RPA+AI阶段

随着以深度神经网络为代表的新一代AI(artificial intelligence，人工智能)技术的发展，AI至今已涉及多个研究领域，研究方向包括智能控制、符号计算、自然语言理解、模式识别、计算机视觉、机器学习、数据挖掘、智能信息检索和语音识别等。因此，RPA厂商开始尝试将RPA应用与AI技术进行融合，试图突破传统RPA只能从事简单重复流程的桎梏，转而从事更复杂、更有价值的工作。AI强大的计算机视觉技术和自然语言处理技术拓展了RPA的应用场景，使得RPA功能得到增强，能够阅读、识别并处理更多的工作。例如，很多银行、金融企业每天都面临着大量的信贷类业务文件材料的审核工作，通过使用RPA+OCR(optical character recognition，光学字符识别)技术，可以更加精准地识别并筛选出图片信息，实现材料审核、用户证件识别、银行卡识别等业务流程自动化，很大程度上提升了工作效率，节约了人力成本。未来，AI技术将进一步推动关联技术和新兴科技、新兴产业的深度融合，RPA+AI必将持续输出更高的应用价值。

第三节　RPA产品的功能

一、RPA产品的分类

传统企业大多面临着数字化转型，而RPA作为一种"非侵入式"技术，允许企业在原有业务系统之上进行业务流程自动化的部署，无须对原有系统进行任何改造，因此很多企业对RPA解决方案抱有极高的期待和热忱。在技术发展和市场需求的共同推动下，RPA功能不断丰富，应用的行业和场景也不断增多，各种各样的RPA产品应运而生。表1-2分别从行业、应用场景、功能、自动化程度、安装环境、部署方式和技术框架的维度，对RPA产品进行了分类。

表1-2　RPA产品分类

分类维度	分类内容
行业	金融、保险、医疗、制造、零售、能源电力、物流、教育等行业的RPA产品
应用场景	财务机器人、信贷机器人、人力资源机器人、客服机器人、采购机器人、科技运维机器人等
功能	Excel处理机器人、邮件处理机器人、浏览器处理机器人等
自动化程度	全自动化机器人(又称为无人看守机器人或24小时工作制机器人，机器人按照预先设置好的程序运行，过程中无须人工干预)和半自动化机器人(又称为有人看守机器人或辅助机器人，机器人运行过程中需要人工参与，如客服机器人接听到客户电话后才会触发，根据客户电话中的语音指示帮助客户完成一系列业务办理)
安装环境	物理计算机机器人、虚拟计算机机器人
部署方式	单机版机器人、传统C/S(client/server，客户端/服务器)架构机器人、云机器人
技术框架	基于微软的.NET Framework框架的RPA产品，基于Python、C、C++、Java、Go等语言的程序框架的RPA产品

二、RPA产品三件套

目前，市面上存在各种各样的RPA产品，大多数RPA产品基本都采用了DCC结构，即RPA三件套：RPA编辑器、RPA控制台、RPA执行端。其中，RPA编辑器通过运用可视化流程拖曳设计、操作录制等技术来设计和构建机器人流程，是RPA的规划者；RPA控制台通过统一管理后台来管理、调度、监控机器人任务的执行情况，目前结束了传统单机运行的模式，开始向大型机器人集群、多任务管理模式转变，是RPA的管理者；RPA执行端按照控制台的要求执行编辑器预先设计好的流程，是RPA的执行者。

下面将对RPA编辑器、RPA控制台和RPA执行器的具体功能进行详细介绍。

(一) RPA编辑器

RPA编辑器，也称为RPA设计器，是一种用于进行流程开发、调试、代码共享和部署的设计工具，类似于Java程序员使用的Eclipse或IntelliJ IDEA，不同的是RPA编辑器提供了便捷的方法和简单的操作页面，可通过控件的拖曳和流程图的绘制完成RPA应用的开发和设计，并支持目前主流的程序开发语言，如Python、Java等。可视化的设计方式极大地降低了RPA的使用门槛，使得企业中的每个人都可以参与到自动化流程设计中，促进了RPA在产业中的广泛应用和落地。通过RPA编辑器可快速实现对各种业务流程的自定义设计，并能在短时间内快速实现RPA流程的设计、调试和部署工作。

RPA编辑器一般包含组件设计和流程设计两大模块。

1. 组件设计模块

组件设计模块的主要作用是将业务流程中的每个功能模块独立实现，如邮件发送组件、打开IE浏览器组件、Excel文件处理组件等。对于业务流程中涉及的多个应用或系统，可以将每个应用或系统的自动化实现都独立为一个组件。组件设计模块通常包括以下几个方面。

(1) 程序语言支持功能：支持目前主流的程序设计语言，如Python、Java、VB等。为了降低RPA工具的使用门槛，市面上有些RPA厂商还提供中文语言开发工具和英文语言开发工具。

(2) 页面元素采集工具：通过控件完成页面元素的采集，自动生成自动化脚本语言，如浏览器网页HTML(hypertext mark language，超文本标记语言)元素的获取、Windows操作系统大部分软件应用界面元素的采集。运用页面元素采集工具可以降低开发难度，大幅提高开发效率。

(3) 组件调试工具：通过可视化调试工具可以快速分析组件的语法错误和运行结果。

(4) 参数设置功能：设置组件运行时需要的参数。

(5) 常用组件模块：很多RPA厂商都集成了多个自动化应用场景经常用到的组件模块，方便开发者或设计者使用。例如，RPA一般会免费提供浏览器的处理、办公软件的处理、邮箱的处理、数据库的操作、文件类的操作等常用功能的组件模块。此功能也是RPA产品的优势之一。

(6) 第三方平台接口集成：如OCR、NLP(natural language processing，自然语言处理)应用等。

2. 流程设计模块

流程设计模块主要通过控件的拖曳将一个或多个组件连接起来，形成完整的业务流程。流程设计模块的可视化可以让开发者或设计者更直观地看到整个业务流程的全貌，高效地完成业务流程逻辑的设计。流程设计模块一般包括以下几个方面。

(1) 流程设计工具：通过可视化的图形界面，将控件按照业务流程进行拖曳、连接，进而实现完整的自动化流程。通常，控件包括组件控件、开始控件、结尾控件、逻辑控件、循环控件、格式转换控件等。

(2) 流程调试工具：通过可视化调试工具可以快速分析流程中的异常错误和运行结果。

(3) 机器人执行端选择功能：可以从机器人集群中选择某个或某几个机器人来运行设计好的流程。

(4) 参数传输设置功能：设置流程运行需要的参数。

(5) 流程运行异常展示功能：流程运行异常后会通过可视化页面展示并处理异常。

3. 组件设计模块和流程设计模块的关系

流程设计模块用于表达业务流程逻辑，组件设计模块用于实现具体业务功能。流程设计模块就像一列火车，而组件设计模块类似于火车的车厢，每节车厢都有自己特有的功能，如可提供座位的车厢、可提供卧铺的车厢、可提供餐饮的车厢。因此，流程设计模块是由组件设计模块按照具体规则组合而成的，也是组件设计模块的宏观表现。

(二) RPA控制台

RPA控制台，也称为RPA服务器，是RPA的统一管理平台，用于对机器人进行整体的运作和管理，如机器人管理、权限管理、调度管理、远程管理、监控管理等。RPA控制台的主要作用是实现合理规划机器人任务、调度、运营、监控，以及分析机器人的工作状态等。此外，很多RPA厂商的控制台还具备日志查看、录像回播、运行报表展示等功能。因此，RPA控制台一方面用来调度和运作机器人，另一方面用来监控和展示机器人的运行情况。

RPA控制台通常包含如下功能。

(1) 机器人管理功能：管理机器人集群，按照区域、功能划分机器人。

(2) 权限管理功能：管理个人权限和部门权限，进行功能查看和权限编辑等。

(3) 调度管理功能：负责任务调度、任务排序、运行时间安排、运行频率安排、机器人执行端分配等。

(4) 远程管理功能：可以远程管理机器人执行端，随时查看机器人执行端的运行情况。

(5) 运行管理功能：可手动启动或停止RPA运行过程。

(6) 监控管理功能：监控机器人空闲状态、机器人运行情况、流程运行情况。

(7) 日志功能：记录机器人运行日志，可随时通过查看或下载日志对机器人运行过程进行分析。

(8) 录像功能：记录机器人运行界面，可通过回播或下载对机器人运行情况进行分析。

(9) 报表展示功能：机器人运行状态报表展示、自动化流程具体运行情况报表展示等。

(10) 上传文件功能：可以上传定制化的节假日文件或触发机器人运行的参数文件等。

(11) 异常处理功能：机器人运行异常报警通知、自动或手动恢复机器人运行状态等。

(三) RPA执行端

RPA执行端，也称为RPA机器人，是部署在计算机物理终端或虚拟机终端，用于执行具体指令任务、记录执行过程的应用程序。根据实际业务场景的不同，RPA执行端的安装环境、部署方式和任务调度方式都会有所不同。

(1) 安装环境：支持物理机、虚拟机。

(2) 部署方式：支持单机版部署、服务器部署、云服务器部署。

(3) 任务调度方式：一般包括固定时间启动(如每天上午10点启动)、每间隔一段时间启动(如每隔5分钟启动1次)、由事件触发启动(如在某个事件发生后启动)等。

(四) 编辑器、控制台、执行端之间的关系

RPA编辑器依托程序开发语言、控件的拖曳、页面元素的抓取或录屏来完成整个业务

流程的开发和设计。RPA控制台负责任务调度、流程分发、机器人管理、报表展示、运行监控和管理。RPA执行端负责执行具体的任务指令。

通常情况下，控制台提供库和资产给编辑器，编辑器进行流程设计，设计完成后交给执行端进行流程执行测试，然后通过编辑器将流程发布到控制台，由控制台管理和分发任务给执行端，执行端执行完成后将结果反馈给控制台，三者的关系如图1-1所示。

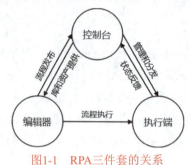

图1-1　RPA三件套的关系

第四节　RPA行业发展现状及产品选型

RPA产品早在2000年左右便以"按键精灵"的形式出现，多用于玩家游戏、知识化办公等桌面级应用。自2003年Blue Prism推出第一款自动化产品起，国外RPA市场逐渐出现以UiPath、Blue Prism和Automation Anywhere为代表的RPA巨头。2015年以后，国内大批RPA厂商成立，金融科技厂商、AI厂商也在这个阶段开始进军RPA领域。随着早期厂商在市场上的宣传和产品拓展，2018年起更多企业开始认知并接纳RPA带来的价值，RPA行业在国内开始处于蓬勃发展期。下面分别从RPA产业链、RPA产品和RPA生态三个方面来介绍RPA行业。

一、RPA产业链

随着RPA概念的兴起，围绕RPA已形成一套完整的产业链，RPA产业链中的不同玩家各具优势，企业间有竞争也有合作。从当前市场看，RPA产业链包括RPA厂商、AI厂商、云计算厂商、RPA集成商、RPA咨询实施方、垂直领域的RPA厂商和RPA需求方等。其中，多数RPA厂商专注于自主研发RPA产品，并与第三方AI技术公司进行技术融合，少数RPA厂商具备自研AI的能力；AI厂商和云计算厂商通过RPA+的方式来拓展自身企业的AI技术和云计算输出场景；RPA集成商则看到了RPA的市场价值，通过RPA产品来丰富自身的产品类型；RPA实施咨询方通过与RPA厂商合作，为RPA需求方提供解决方案和实施服务，形成自己的商业生态；垂直领域的RPA厂商专注于开发特定领域的RPA产品；RPA需求方是希望通过使用RPA产品实现数字化转型的政企组织。

表1-3列举了RPA产业链中具有代表性的企业。

表1-3　RPA产业链中具有代表性的企业

类型	说明	具有代表性的企业
RPA厂商	RPA厂商大多专注于深耕RPA产品技术，产品成熟度高，通用性和稳定性优势较强	国外：UiPath、Automation Anywhere、Blue Prism等 国内：来也、艺赛旗、金智维、云扩科技、容智信息、弘玑等
AI厂商	AI转型RPA厂商通过RPA+AI为RPA应用提供更强的AI赋能	达观数据、实在智能等
云计算厂商	提供云计算输出能力	阿里云、华为云等
RPA集成商	RPA作为该公司集成的产品之一，并不是该公司的核心业务或唯一业务	用友、金蝶等
RPA咨询实施方	与RPA厂商进行战略合作，具备RPA解决方案咨询和实施的能力	德勤、普华永道、安永、毕马威等
垂直领域的RPA厂商	垂直领域敏感度高，竞争优势明显	平安科技、宏燊软件等
RPA需求方	RPA产品最终的使用方	金融企业、物流企业、制造企业、政府等

二、RPA产品

目前市场上的RPA产品之多，可谓是百家争鸣，表1-4罗列了国内外具有代表性的RPA产品及其特点和优势。

表1-4　RPA产品及其特点和优势

RPA产品	产品特点	产品优势
UiPath	以"人手一个机器人"为目标，借助AI打造端到端的超自动化平台	RPA编辑器针对不同角色推出不同版本：平民编辑器StudioX、一般编辑器Studio、专业编辑器Studio Pro。 RPA流程挖掘工具功能丰富，共推出4款挖掘工具：自动化门户、流程挖掘、任务捕捉、任务挖掘
Automation Anywhere	以新一代云端RPA平台打造智能数字化劳动力解决方案	产品的交付及运维均在云端完成，部署周期短并可按需扩容，无须更改现有业务流程即可敏捷部署，无须更改任何基础业务系统即能灵活应用。旗下提供多种产品。 Discovery Bot：以AI驱动的流程提升自动化周期速度； IQ Bot：进行智能文档处理； Bot Insight平台：实时自动完成运营和商业智能分析； Bot Store：预构建大量机器人，满足多样需求
Blue Prism	将人力和数字劳动力结合起来，使员工去做更有质量的工作	推出基于SaaS、云部署、混合部署、本地部署等多种RPA部署环境，并集成人工智能和机器学习打造未来的数字化企业
来也	RPA+AI助力政企实现智能时代人机协同	UiBot RPA产品主要包含RPA三件套与AI，为机器人的生产、执行、分配、智能化提供相应的工具和平台。 智能对话机器人平台"吾来"功能强大，无须编程和部署，可快速上线

(续表)

RPA产品	产品特点	产品优势
艺赛旗	专注RPA技术，搭建RPA生态，快速实现自动化服务	典型的RPA三件套，使用便捷；与AI厂商战略合作，一起打造RPA+AI生态
达观	以AI为基础，RPA作为应用输出	自研AI能力突出：领先的智能文本处理技术
华为	端云协同智能流程机器人方案	产品具备全"国产化"要素，安全可信，特别适用于政企领域自动化的快速应用与规模推广

三、RPA生态

RPA概念从2019年开始在国内迅速升温，被很多风投认为是新风口，国内的RPA厂商数量也出现井喷式的增长，各家公司宣传的RPA产品看起来大相径庭，实际上使用的底层技术基本一样，因此，提高RPA产品的竞争力，体现企业的自身优势则变得尤为重要。目前，很多RPA企业通过发展RPA周边的产品、与AI厂商合作来提高RPA产品的丰富度，扩展RPA产品的应用场景以获取更大的市场占有率。企业通过RPA+AI方式加速构建自己的智能化生产力，提升业务效率，降低运营成本，通过各业务流的智能自动化再造全新客户价值。

RPA厂商除了不断拓展RPA产品三件套的能力，也开始进行RPA生态布局，以提高企业的核心竞争力，RPA生态布局的六种常见方式如下。

1. 提供免费培训

当前市面上的RPA产品五花八门，各厂商的产品标准不一，产品安装、流程开发、流程部署和流程运行监控的方式都不同，因此很多厂商通过举办各类免费的线上/线下RPA产品说明会、应用交流会、入门级培训课程等，为RPA学习者提供多种了解和学习RPA产品的途径。

2. 资质认证

有些RPA厂商提供资质认证的培训。参加认证的学员通过完成系统化培训课程的学习，掌握该厂商RPA产品的相关知识，提升构建、管理流程的能力，在资质认证考试合格后可获得该厂商颁发的RPA资质认证证书。这些RPA厂商通过资质认知体系的建设一方面可以宣传自己的RPA产品，另一方面也可鼓励更多用户使用该企业的RPA产品，并帮助有实施需求的企业快速寻找特定的RPA人才。

3. 建立RPA开发者社区

任何一款软件产品的成功除了依赖产品自身的高质量，还依赖广大的软件开发者。RPA厂商通过打造开发者社区，搭建统一的案例分享平台和问答平台，配合多种激励策略鼓励普通用户在线提问和在线答疑，分享实际工作中的RPA应用场景和案例。一个健康、开放的开发者社区不仅可以帮助企业减少技术咨询方面的售后成本，同时也可及时了解用户的实际需求和使用体验，不断升级和优化产品的功能，提高产品的质量。

4. 建立RPA应用商城

通过建立RPA应用商城，将RPA服务以接口或插件应用的方式提供给用户调用，可为企业增加营收。此外，通过现金或积分奖励的方式鼓励普通开发者通过平台发布自己的应用，进一步扩充应用商城可供用户调用的服务类别和范围，从而帮助厂商增强用户使用黏度，增加开发者用户对RPA产品的拥护，在一定程度上减少了企业的开发和维护成本。

5. 提供RPA云服务

通过RPA云服务，企业无须搭建本地部署环境就可以直接设计自动化业务流程，并可随时发布流程，实现与生产环境的无缝对接。SaaS云服务还提供了一系列常见业务的RPA服务，帮助没有能力搭建本地软件服务架构的中小微企业大幅提升其业务上线的效率。有些RPA厂商还能根据客户的需求，提供公有云、私有云或混合云的个性化部署方案。

6. 与第三方AI企业合作

RPA和AI过去被认为是两个独立的领域。RPA作为流程自动化软件，帮助企业处理单一、重复和标准化的业务流程，因此受标准化特定场景的限制，在针对复杂业务场景的快速落地时仍然存在困难。而与AI能力的结合，可以提升感知非结构化数据及识别复杂元素的能力，帮助RPA提升易用性。AI甚至可以理解组织内的决策，并应用大数据分析来制定围绕这些决策的规则，以应对更复杂的业务环境。现在，RPA与AI的关系如同人的手脚与大脑的关系，RPA根据指令执行任务，而AI更倾向于进行数据分析和指令发布。RPA与AI的完美结合能最大限度地发挥两者的优势，因此很多RPA厂商与AI技术研发商达成战略合作，力争实现双赢。

第五节　RPA在财务领域应用的适用标准

RPA就是机器人流程自动化，一个好的RPA项目必须实现业务流程自动化，企业要在自动化的前提下设计出全新或完善的新业务流程，如果一味地照搬手工操作，对现有业务流程不做任何改变，或者一味地使自动化适应现有的业务流程，就会导致失败。一般而言，RPA项目的实施步骤如下：首先对业务流程进行梳理和规划，了解人工操作下的业务痛点，有针对性地进行需求分析；其次构思RPA的操作流程，构建人机交互的应用场景；最后进行设计开发并不断优化完善。

确定人工操作下业务存在的痛点和评估适合引入RPA的场景，一般从以下四个方面来考虑。

一、业务量大且动作重复

人类在手工操作中，受作息时间、精神状态、情绪变化等因素的影响，在不同的时间段，工作效率有高有低，因个体差异，不同的人做相同的事，效果和效率都会有差异，目前人类正常的工作时间一般为每天8小时，每周工作5天，若工作量、工作时间超过承受范围，身体就会自动释放疲劳信号，此时人类就需要停下来休息调整。而RPA是一组计算机程序，可以一天24小时不停地工作，每周可工作7天，而且处理速度快，准确度高，还不受生物性需求的限制，24小时的工作状态、效果一致。因此，如果人工操作的作业量很大，超过了人类处理的限度，并且作业动作总是重复，那么就可以考虑引入RPA。

例如，税务领域的发票认证工作，在中大型企业中业务量非常庞大，往来的发票数量往往堆积如山，其中，发票认证是纳税申报业务中不可缺少的一个环节，大量的发票认证工作给企业、部门带来了很大的负担。企业通常会指定专人专项负责，而该工作人员往往要加班到深夜，而且工作中容易疲倦，找不到成就感，忠诚度、满意度自然也会下降。

接下来，我们就来分析一下该工作人员在人工操作下是如何进行发票认证工作的。首先财务人员需要登录国家税务总局发票认证平台，然后选择发票提交，平台后台一一验证后会发出认证结果，最后财务人员要把结果下载到本地。通过对业务流程的分析，发现发票数量大满足上述第一个条件——业务量大。对发票进行认证的过程中，共有以下几个步骤：登录发票认证平台；选择发票；单击确认；提交；下载认证结果；保存在本地某个文件夹中。无论哪种发票，操作流程都是一样的，符合上述第二个条件——动作重复。因此，可以认为发票认证业务适合引入RPA项目。实际上，企业中发票认证机器人的开发已经相当成熟，为财税业务提供了很大的便利。

二、明确清晰的业务规则

每个业务场景都包括input输入(输入方，输入信息)、process处理(操作)和output输出(输出方，输出信息)三个模块，也称为五要素，将五个要素连接起来即为规则。简而言之，明确清晰的业务规则就是能够清楚地表达：输入了哪些信息，向谁提交，输出了哪些信息。

人工操作时，输入和输出方往往界定不严格，责任不明，容易造成无法落实责任者的情况发生，影响业务流程进程。人工操作下，对于输入的信息，如输入位置、载体内容、格式等，往往缺乏清晰的信息属性说明(如必填、选填、填写格式、有效信息提示等)，容易造成数据漏填、错填或填写不规范等，费时费力，经常发生退回修改，而退回修改本是业务流程中不必要的操作。人工操作下，处理过程(如提交、修改、审核等流程)，通常由输入方通过邮件、即时通信等方式通知接收方，甚至是线下通知，过程的低效率也会影响业务流程进程。输出信息包括输出格式、文本内容、存储位置等，输出的信息即为业务流程产出成品，人工操作下，需要大量人工核对，过程费时费力，且存在主观判断，不同人员进入岗位可能影响结果。通过以上分析，我们发现如果业务规则明确，即对输入方、输入信息、操作、输出方、输出信息五个要素进行规范，则可以考虑引入RPA，以解决人工操作下的各种痛点，提高经营效率。

例如，公司财务部应在期末出具资产负债表、利润表、现金流量表、权益变动表等财务报告，报表的项目格式是固定的，公式也是固定的，数据来源于原始凭证、记账凭证、明细账和总账，规则明确清晰。人工操作下，财务人员通过公式计算、翻阅账本查找数字，通过计算器算出结果，再在报表项目上填入，而一些公式非常复杂，数字可能需要再拆除，人工操作很容易出错。因此，既然规则明确，就可以引入RPA，精确查找数字，快速计算，高效填入。

三、投资回报

评估RPA的投资回报，即考虑机器人流程自动化的运行成本是否低于它的增加值，如果低于增加值，则可以引入，如果高于增加值，则不建议引入。运行成本包括项目实施成本和维护成本，其中实施成本发生在RPA项目实施期间。RPA在企业中的实施途径很多，有的企业自研，有的企业与RPA厂商合作研发，有的企业聘请专业流程咨询公司出具方案，再聘请RPA厂商进行研发，每种方式都应根据企业自身情况而定。而有的企业采取混合方式，即针对相对明确清晰的业务场景，组织信息部、业务部人员成立RPA研发中心进行自研，而当需要智能流程自动化，涉及人工智能、算法、大数据等新技术时，可能会寻求与RPA厂商合作。选择不同的方式，投入的成本不同，当然也各有利弊。

RPA项目增加值是指引入RPA项目产生的经济增加值。在投入成本高于增加值的情况下，则暂不引入RPA；在引入RPA后增加值高于成本的情况下，则考虑引入。

例如，财务部引入了银行对账机器人，期末机器人可以自动对账，获取实时银行流水信息。对企业而言，资金是核心，资金的实时信息，可以帮助企业制订资金管理计划，节省人力，以前需要专岗来处理银行对账，去银行拿取对账单，引入机器人后，节省了人力和时间，使员工可以投入到更有价值的工作中。目前市场上的银行对账机器人已经非常成熟，适用于所有银行，而且价格便宜。通过评估，确定引入银行对账机器人的投资回报率(return on investment，ROI)很高，适合引入RPA。

四、RPA的可扩展性

RPA呈指数级增长，未来前景广阔，企业也体验到了RPA等新技术给企业带来的巨大变革，经营活动的效率，以及员工忠诚度和满意度得以提高，更重要的是，企业对人工操作活动的刻板印象发生了转变。虽然RPA给企业带来了很多好处，但是RPA并不是万能的，RPA不能解决管理问题和信息化技术问题，不能替代信息化升级转型方案，而且并非所有的业务场景都适合引入RPA。除了上述三个方面的考虑因素，还需要考虑RPA是否具有可扩展性，即RPA是否可以根据业务场景的变化进行升级、维护费用是否昂贵、业务流程是否最佳、路径如何优化等。如果盲目引入大量RPA，则会发现机器人管理平台到处都是各种各样的RPA，甚至有些RPA运行维护困难，RPA产品的灵活性不足，这些RPA最终会变成一颗定时炸弹，不能为企业数字化转型打下基础。

❖ 本章小结

本章介绍了RPA的定义、特征及价值，并将RPA分别与传统IT系统、自动化测试和爬虫进行了比较，还描述了RPA与低代码的联系，希望能帮助读者快速了解RPA，认识到RPA的价值。

本章还介绍了RPA产品的发展过程，从多个维度对RPA产品进行了分类，并详细阐述了市面上的主流RPA产品三件套的结构、功能、运作原理及三者的关系。之后从RPA行业发展的角度介绍了RPA产业链的构成、RPA产品的特点和优势。

思考题

(1) 请简述RPA的定义与特征。
(2) 请简述RPA产品的发展过程。
(3) 请简述RPA产品的分类及三件套。

第二章

RPA 实施方法论

第一节　RPA项目实施全生命周期

业务流程是指为完成某一目标而进行的一系列逻辑相关的活动。我们将一个机器人流程自动化(RPA)的生命周期划分为：发现与规划，流程分析，流程构建，验收与发布，运行、监控与评估，以及迭代/退役六个阶段，如图2-1所示。

图2-1　RPA生命周期各阶段

本章主要对RPA生命周期各阶段的工作和意义进行概述。对于各阶段工作的详细描述，读者可参考后续各章节对应的内容。

一、发现与规划

实施RPA，企业的首要工作是发现、收集并选择合适的部门业务流程。

流程发现通常有两种方式：主动发现和被动发现。主动发现是指由员工主动汇总业务的总体运行活动，反馈日常工作中的业务痛点；被动发现是通过安装在员工计算机上的软件监视员工的屏幕工作，借助AI技术来发现自动化机会。企业可通过这两种方式，将收集到的各业务流程按部门进行划分。表2-1中对企业各部门自动化业务流程进行了汇总。

表2-1　企业各部门自动化业务流程

项目	部门					
	财务部门	人事部门	生产部门	供应链部门	销售部门	IT部门
场景业务流程	差旅报销	员工招聘	生产计划	库存管理	客户管理	设备管理
	资金支付	员工考勤	物料管理	发货管理	订单管理	项目管理
	发票验证	员工培训	产线监控	退货处理	合同管理	供应商管理
	工资支付	工资制作	质量内检	物流追踪	电商管理	数据管理
	银行流水对账	员工福利	排班管理	出入库管理	—	系统管理

按部门进行划分后,对其中的每个活动进行细分,建立相对独立的子业务流程,并对这些子业务流程从业务场景、流程痛点、人员操作时长、操作频次、涉及的内外部系统交互等方面进行概要描述,梳理出各业务流程的RPA需求。然后,针对RPA适用于跨系统、跨平台、重复、有规律、错误率低的业务流程的特点,筛选出适用于RPA实施的流程,并结合企业数字化转型的战略规划、实施成功预计带来的业务收益和RPA实施成本计算出投入产出比,对业务流程的RPA实施进行优先级标注。例如,针对人事部门的员工招聘这一业务活动,可将其进一步细分为六个独立的子业务流程,并对这些子业务流程进行梳理和评估,从而规划出可优先实施自动化的流程,如图2-2所示。

ID	业务活动名称	子流程名	所属部门	主要场景描述	需要RPA实现什么功能	现有人员(人/月)	单次操作时间(次/月)	业务频次(次/月)	总时间(分钟/月)	是否需人为干预	涉及系统	内部/外部	系统类型	登录形式	是否需验证码	流程负责人	优先级	RPA可行性	RPA实施风险
H-01	员工招聘																		
H-01.1		简历发布	HR部门			5	10	5000	50000	否	xx	外部	Web	账号、密码	是			可行	
H-01.2		简历筛选																	
H-01.3		面试邀约																	
H-01.4		学历核验																	
H-01.5		面试结果通知																	
H-01.6		启动入职流程																	

图2-2 业务流程梳理与评估

在发现与规划阶段,生成的场景梳理、RPA需求分析、实际业务频次及收益评估等文件是该阶段的输出物,这些文件会作为下一阶段的输入被流转到流程分析阶段。

对于企业整体的RPA实施,发现与规划阶段是一个长期、持续的过程,需要由CoE组织协调公司高管、各业务部门领导来共同参与和规划,由RPA产品变更经理负责具体工作的管理。该阶段决定了一个候选流程是否有机会被转为自动化流程,若该阶段的可行性评估、效益评估出错,或者没有紧跟企业业务发展规划的步伐,那么后续所有围绕该流程的实施工作都将变得没有价值,因此该阶段对于一个自动化流程来说是具有关键意义的。

二、流程分析

企业确定哪些流程被优先实施RPA后,便进入流程分析阶段。在流程分析阶段,流程分析师负责对该流程的每个操作步骤进行详细分析和定义,并把业务流程的每个操作步骤转换为RPA操作步骤。梳理时可通过由业务人员现场操作进行演示说明,以截图或录屏的方式记录每个流程操作的细节。在转换为RPA开发可用步骤的过程中,若有些步骤需要在原流程基础上做进一步优化,则需要与业务部门人员协商并确认如何优化处理。当一个流程太复杂或冗长时,应将其拆分成多个单独的流程来处理,以方便日后的维护和分阶段完成。

流程分析过程的输出物是流程定义文档(process definition document, PDD),该文档应包括流程概述、现状业务流程、目标业务流程、所涉及的内/外部系统操作、异常及处理方案、输入/输出文件(邮件)模板等,还应包括操作步骤的截图和录屏,并由业务部门人员进行流程需求评审,由技术人员进行技术可行性评审。下面对主要内容进行介绍。

- 流程概述:定义该流程的基本描述、明确流程的业务负责人和沟通接口人、流程在现实世界的实际运行频次和时效、RPA设计的假定前提、环境依赖和所要求的服务水平协议等。

- 现状业务流程：描述实际人工执行的业务操作步骤，包括流程执行步骤详细说明等。
- 目标业务流程：描述引入RPA后的业务操作步骤，包括机器人处理环节、人工处理环节及双方协作环节的执行步骤详细说明，这里体现了引入RPA后业务流程相关步骤的优化。
- 所涉及的内/外部系统操作：描述流程需要操作的应用系统的架构[B/S(browser/server，浏览器/服务器)架构、C/S架构]、登录模式、操作方式(如界面操作、接口调用)等。

在流程分析阶段，原人工执行的操作步骤被转为了引入RPA后的业务操作步骤，对该流程所有可能涉及的业务场景进行了全面梳理和分析，对异常点提供了应对处理方案，并得到了业务部门的确认。流程分析阶段一方面可以帮助项目团队将流程拆分为多个工作项，确认优先级，评估实现复杂度，用敏捷思想进行迭代交付；另一方面还可以让RPA开发、测试工程师更专注于流程开发工作，而不必为前后矛盾或不清晰的需求而困惑，从而提高RPA开发团队的交付能力。该阶段为后续的流程构建工作扫除了绝大部分的障碍，为流程构建工作的高效开展提供了有力保障。

三、流程构建

流程分析阶段结束后，发现与规划阶段和分析阶段输出的流程定义文档(PDD)一同作为输入物，通过项目排期进入RPA流程的构建阶段。流程构建阶段的工作包括RPA的设计、开发和测试，是RPA项目实施的核心阶段。

(一) RPA设计

为保证流程实施的独立性，为后续的开发、测试和部署上线进行指导，在RPA流程的设计阶段应为每个流程输出独立的方案设计文档(solution design document，SDD)，该文档除了承接自PDD中的流程概述、流程需求和所涉及的内/外部系统描述，还应包括机器人处理流程、机器人设计要点、文件目录结构、日志记录与查看、异常处理等说明。下面对主要内容进行介绍。

- 涉及的内/外部系统：描述涉及的内/外部系统的架构、登录方式、开发或测试环境下所使用的用户名和口令、密钥文件等。
- 机器人处理流程：从技术层面描述自动化流程被拆分成几个流程、需要几个机器人、每个机器人执行哪些自动化任务，以及这些自动化任务的编排方式和执行时间等。
- 机器人设计要点：描述所需要复用的代码库、配置文件、机器人的控制方式、数据安全和数据管理、业务连续性处理手段等一切需要重点说明的设计内容。RPA架构师可将项目的整体架构设计、设计开发原则和指南、可复用组件等一切共性内容，都提炼到该单个流程设计中，体现机器人程序之间的依赖关系。

- 文件目录结构：清晰地定义机器人程序的存储目录和各步骤所需处理的文件的存储目录，避免出现不同流程输入和输出文件混用的问题。

在实际RPA实施过程中，很多实施团队会忽略设计阶段的工作，直接从流程分析阶段转入开发阶段，这对后期RPA的扩展和维护是很不利的。RPA实施在初始阶段就应该对项目的整理架构进行设计，定义整体设计原则，仔细考虑程序结构、可复用组件、人机协作、目录划分、异常处理等设计问题，后续在单个流程的加入过程中，输出单个流程设计文档的同时不断完善整体架构，开发更多可复用的组件并同步更新项目的整体架构设计文档。

RPA项目的整体架构设计文档包括框架设计、开发规范、通用组件及调用方式、单元测试、安全合规等内容。下面对主要内容进行介绍。

- 框架设计：从业务流程易于实现且稳定、未来的变更和可扩展性等方面进行考虑，对项目进行整体框架设计，具体包括流程初始化参数设定和环境设定、结束流程的关闭操作、新流程的加入、流程维护、纠错、参数配置、风控机制、回滚机制等。
- 开发规范：从代码注释、日志记录、目录、版本、命名规范(变量/流程名/任务名/文件名)等维度出发，建立一套RPA开发规范与标准，并应用在整个项目中，从而提高项目开发效率和质量。
- 通用组件及调用方式：对可复用的组件及调用方式进行详细说明，如某业务系统的登录与退出、企业邮件接收与发送、文件访问与关闭访问连接、数据库的调用、日志记录、异常捕获(异常信息记录和截屏)等。
- 单元测试：从质量保障的角度，对RPA实现自动化测试。
- 安全合规：从保证RPA运行安全的角度，考虑RPA实施过程中的各类安全管控，包括参数配置安全、信息传输与存储安全、网络端口与访问安全、物理环境安全、日志安全、代码安全、账号密码存储安全等问题。

方案设计文档和整体架构设计文档作为RPA流程开发规范和实现方式的说明，是RPA开发工程师和RPA测试工程师的重要参考文档，不仅有助于RPA初级开发工程师按架构规范构建RPA流程，便于日后流程的拓展、维护与监控，还有助于测试人员了解开发逻辑，保障测试点的全面覆盖。此外，方案设计文档和整体架构设计文档也是日后变更RPA流程的重要参考文档，有助于设计人员和开发人员更全面地评估新的RPA流程变更需求对原流程的改动、涉及的依赖项和风险点。

(二) RPA开发

接下来将进入RPA开发阶段。RPA的开发过程通常是RPA工程师在整体架构设计的要求下，依据SDD的设计，一步步实现自动化程序。通常可按下列步骤来展开。

- 在整个RPA程序框架下，确定待开发流程主辅程序的调用方式和配置文件的读取方式，开发预处理、中间处理、后续处理等环节，并预留异常处理和程序补偿机制的处理环节。
- 以流程中某个业务实例的正常处理过程为基础来开发RPA程序，将业务数据以常量的方式来表达，以快速实现流程中所需要的自动化技术，并尽早发现可能存在的技术障碍点。

- 当正常处理流程可以自动化运行之后，按照业务处理要求，在RPA中加入必要的循环处理、分支处理，并将原程序中的业务常量数据转换为参数变量。
- 在满足了正常处理流程之后，开发人员需要在RPA程序中增加必要的日志跟踪和异常处理。异常处理需要覆盖可能出现的业务异常情况和系统异常情况，并设计相应的RPA补偿机制。
- 当RPA程序开发完成之后，要进一步审查代码，将程序中的部分参数改为读取配置文件的方式，为环境变更等定义项配置文件。

在实际的RPA开发过程中，开发人员应该以保障自动化程序的稳定运行为目标来实现RPA的开发。例如，抓取界面上的操作按钮，稳定性由强到弱依次为通过ID获取界面控件、快捷键获取、界面坐标定位，若前者抓取不到，则再考虑后者的技术实现。当各种技术手段都无法解决时，RPA开发人员要及时与团队成员同步，发起变更流程，尽早与业务分析师沟通，寻求业务层面的其他解决方案。

(三) RPA测试

RPA的测试与传统测试相似，可分为自动化测试和手动测试。自动化测试包含单元测试和为验证RPA流程而编写的自动化测试。

单元测试由RPA开发工程师负责，在RPA的开发过程中一边开发，一边为每个方法编写单元测试代码，开发完成，基本单元测试也就完成了。

当开发人员进行RPA开发时，测试人员应根据流程定义文档和方案设计文档进行RPA测试用例的设计，测试用例应覆盖正常的业务场景和业务规则，还应包括输入\输出异常的处理、流程执行过程中各环节的异常验证、日志记录验证、配置项验证和访问、传输安全的验证，并利用自动化测试工具，编写自动化测试脚本并映射到每条测试用例。开发人员完成RPA的开发工作提测后，测试人员可反复执行和优化测试脚本，跟踪缺陷，生成测试报告，直至确认缺陷修复完毕满足业务上线需求。

很多企业可能不会为RPA团队配备充足的测试人员，这时就需要RPA开发工程师承担测试的职责。测试需要准备一定量的样本数据，样本数据应尽量贴近真实业务数据，而且应具备可逆性或可重复性，避免一些数据在提交之后就再也不能重现之前的业务操作，导致无法利用RPA技术，并反复地进行测试工作。此外，在实际项目实施过程中，可能会遇到没有测试环境支持，需要通过生产环境直接测试的情况，这时就必须更加周全地设计测试数据，并准备好在脚本测试执行完毕后进行测试数据的清理工作，避免影响现实工作中业务系统的使用。测试不足会导致故障和高维护率，测试人员进行完整、系统的测试，可规避潜在的功能风险和业务风险，保障项目上线质量。

企业应高度重视RPA的自动化测试，因为自动化测试是最快速、可靠和可持续的测试。当创建RPA时，其是与应用程序的特定UI、特定运行期环境等进行交互，大多数企业拥有数百个应用程序，这些应用程序可能每周、每天甚至每小时更新一次，这一系列持续变化中的任何一项均会扰乱机器人的操作流程。此时，自动化测试便可直接用于进行连续回归测试，每当RPA或所依赖的业务系统有更新时，便主动测试自动化业务流程，以得知新的修复或新的流程加入是否会影响生产中正在运行的自动化流程。试想如果每次回归测试都必须依赖手动完成，企业就需要通过大量的测试和质量保证团队来处理这个永无止境且不断增长的负担。

以上是对流程构建阶段RPA的设计、开发和测试的概述，流程构建阶段的输出物有方案设计文档(SDD)、修改过的RPA整体架构设计文档、待发布的RPA流程、测试用例、测试报告、RPA发布与配置手册和用户手册。

四、验收与发布

RPA流程测试通过后，将进入RPA的验收与发布阶段。理想情况下验收过程是在UAT(user acceptance test，用户验收测试)环境下进行的，RPA工程师将RPA代码签入企业代码仓库，运维工程师根据《流程发布与配置手册》将RPA流程发布至UAT环境。项目经理组织RPA团队代表为业务人员在UAT环境下进行演示说明，并给予业务人员约定的时间窗口，由其在UAT环境下使用一些符合真实场景的业务数据样例让机器人来运行，以校验运行成果是否满足业务要求。虽然这是一种黑盒测试，但在测试数据时业务人员也要同时考虑正例和反例的存在，以保障机器人运行的可靠性。此外，除了检查机器人处理后的最终数据结果是否正确，业务人员还必须通过培训来了解机器人是如何触发启动的，中间是否有需要人机协作的环节。当异常发生后，业务人员应该知道如何再次接管工作、如何再次启动机器人等。

若验收通过，则由运维工程师正式将该RPA的程序代码发布到生产环境，该RPA正式投产。若验收过程中业务人员有反馈项，则由项目经理组织召开评审会议，对反馈项一一评审，确认哪些反馈项是紧急优化项、哪些反馈项可后续进行迭代优化、哪些反馈项是无须理会的。完成紧急优化项的修复，业务验收通过后便由运维工程师将配置项改成生产环境配置项，发布到生产环境，并输出RPA生产配置手册。

在实际实施过程中，同样会出现没有UAT环境的情况，给到业务部门进行验收的流程可能发布在生产环境，而涉及和依赖的业务系统可能会有各自的测试/UAT/生产环境，因此需要确保在配置手册中记录清楚各程序的版本、各应用程序的测试/UAT/生产环境地址、访问权限等配置项，并做好回滚预案，发布前对原流程做好备份等操作，以保障若上线失败可尽快恢复原流程。

验收与发布阶段的输出物是RPA生产配置手册、RPA流程优化项。RPA生产配置手册是日后RPA生产变更维护的重要参考文档，若后续机器人执行时间、文档配置路径有变动，则应在本文档基础上进行记录变更，以保证生产配置手册的内容始终与生产环境实际配置内容完全一致。RPA流程优化项可作为需求项被记录在产品待办事项(backlog)中，通过项目排期予以迭代交付。RPA流程的发布意味着机器人正式投产于业务日常工作中，替代人类员工进行业务操作，为业务部门产生效益，是RPA全生命周期中一个重要的里程碑。

五、运行、监控与评估

RPA项目上线后，便进入运行、监控与评估阶段，这一阶段是RPA生命周期中最长的阶段。RPA程序可能会由于业务数据非标准、超权限范围、规则未考虑等情况在运行过程中出现异常、中断或故障，因此需要运营人员或运维人员做好监控和响应工作。

RPA的监控主要有主动监控和被动响应两种形式，主动监控是指当运行中的RPA流程或RPA平台发生问题时，监控平台探测到问题后主动发出警告，及时通知业务部门和运维部门。被动响应是指当业务用户发现RPA机器人未按照预期提供工作成果或RPA机器人执行中断时，将问题上报给RPA运维团队。

企业可以在原有运维体系的基础上，沿用企业对于传统应用系统的现有IT管理服务流程，如问题管理、工单管理、事故跟踪管理等，同时结合RPA的特性，针对不同RPA流程的不同响应需求，制定相应的服务水平协议(service level agreement，SLA)、变更管理等，对RPA问题进行探测、发现、分析、跟踪和解决，在必要时可将问题反馈至开发部门，由开发人员协助排查定位，并采用最敏捷的手段将程序补丁快速部署到生产环境中，将影响降到最小。此外，在问题解决后运维部门还应不断完善问题知识库、问题影响性分析、问题检查表等工作内容，持续监控机器人的性能和利用率，根据实际情况调整机器人的使用，使其利用率最大化。

对RPA持续监控的同时，RPA运营团队或RPA分析师负责对该运行中的RPA流程进行评估，以验证RPA项目的投资回报率。将自动化节约的时间、被替换的人类员工的每小时平均成本作为RPA收益，结合实施自动化的成本(自动化工具的成本、基础设施的成本、开发成本、监控与维护成本)来计算RPA项目的投资回报率，评估RPA为企业带来的效益。具体计算方法在后续章节会具体描述。

六、迭代/退役

当RPA流程被新流程所取代，意味着旧流程生命周期的结束和新流程的全新生命周期的开始。这一阶段需要做好RPA需求变更管理工作，更新原有的RPA流程定义文档、方案设计文档，维护最新的测试用例，对单元测试和自动化测试代码进行调整，更新配置文档和用户手册，对文档和代码做好版本管理与存档工作。

若RPA流程上线后有严重问题被紧急叫停，或者企业业务经营战略或业务流程发生了重大变动，导致原RPA流程被终止或取消，便进入了RPA的退役阶段。RPA退役阶段的完成标识着RPA流程整个生命周期的正式结束。

RPA流程的退役可能需要进行以下工作：进行RPA流程的评价和退役的正式确认；记录任何过程的影响；记录经验教训；将RPA整个生命周期的项目文件归档，以便作为历史数据使用；结束所有采购活动，确保所有相关协议的完结；对团队成员进行评估，释放项目资源。

第二节　RPA交付文档

RPA在实施过程中以交付文档为标志性界定，下面将详细阐述每个阶段的输出文档及其具体内容和编写要点。

一、可行性分析文档

在项目启动前，可以通过一定的方法论或工具对流程进行可行性分析，从而判断是否存在自动化的机会，而可行性分析文档(feasibility analysis document，FAD)即可用于记录分析过程和分析结果。

1. 可行性分析文档的内容

一份优秀的FAD通常包含以下内容。

(1) 流程编码：编码唯一、规范且可扩展，一般为业务加顺序编号的形式，如FGZ001。

(2) 流程名称：某流程的名称，尽量做到见名知意，如发放工资条。

(3) 流程所属部门：某流程所属的部门，如财务部。

(4) 现有流程主要场景描述：针对现有流程的详细文字描述，如财务部将计算好的工资条发送到对应员工的邮箱中。

(5) 需要RPA实现的功能：根据现有的业务流程梳理出需要RPA实现的功能。例如，每月15日，自动发送工资条到员工邮箱，发送步骤如下：每月15日，机器人打开财务人员制作好的所有员工的工资条文件夹；将每个员工工资条上的信息以工资条上的格式复制到邮件中；发送至所有员工并提示"工资条发送已完成"。

(6) 单次操作时间(小时)：流程执行一次所需要的时间，如0.08小时(预估)。

(7) 重复量(次/月)：某项业务一个月内重复的次数。例如，若重复量为员工人数，一个月需要1000人，则为1000次/月。

(8) 总操作时间(小时/月)：以一个月为时间维度，将单次操作时间乘以重复量即可计算出总操作时间。例如，若单次操作时间为0.08小时，重复量为1000次/月，则总操作时间为80小时/月。

(9) 涉及系统：某业务流程涉及交互的信息系统，如E-mail、Excel。

(10) 系统有无升级计划：根据交互的系统近期是否有升级的计划判断该流程的变化性。

(11) 初步判断可行性：根据业务流程的初步梳理，针对可行性给出初步判断结论，如可行、不可行、待进一步评估。

(12) 优先级：某流程在整个RPA项目中的优先级。

2. 可行性分析文档的编写要点

编写一份参考性强、有价值的FAD不是简单地填充一些字段内容，而是应该根据项目实际情况给出初步的参考意见，为后续的需求评价提供根据。编写一份操作性强、易读的

FAD，可以参照以下五点原则。

(1) 流程名称唯一。一个客户可能需要开发多个流程，那么每个流程都需要有一个明确的名称，流程名称不能重复，尽量做到见名知意。

(2) 需要RPA实现的功能。该部分是基于对现有业务流程的主要场景描述，筛选出可以利用RPA来解决的环节，并结合RPA功能梳理出RPA的业务流程。因此，项目组成员应该在FAD中详细、准确地描述流程基本信息，确保客户能够明确目前流程是在做什么和有关流程的人力、物力的投入，以及流程涉及的系统环境信息。这可以通过固定的表格样式来规范实现。

(3) 客户系统最近是否有升级计划。如果客户的系统最近有升级计划，则需要和客户确认系统升级对RPA项目的影响。RPA是对信息系统的界面化操作，系统升级或系统界面改变将直接影响RPA流程的稳定性和有效性，项目组需要准确确认客户是否存在系统升级计划，并根据该描述判断本流程目前是否适合引入RPA。

(4) 判断可行性。基于技术可行性、是否有升级计划等因素，从技术角度给出明确的可行性结论。对于流程的可行性判断主要基于业务逻辑，项目组成员需要从技术层面或逻辑上判断此流程是否可行，最终是否实施要等到项目组对客户需求进行调研分析后确定。

(5) 判断流程优先级。在可行的基础上，再结合重复量和总操作时间来判断流程自动化的效益性，进行优先级排序。建议先实施优先级高的流程；针对优先级别中等或较低的流程，可以根据实际情况与项目组成员沟通后考量；针对不可行的流程，优先级不做任何的排序。

通过可行性分析，可初步锁定业务部门、业务流程及相关方。

二、流程定义文档

在编写流程定义文档的过程中，要把自己设想成一个机器人，用机器人的思维来编写，机器人是不具有理解能力的，它的每步执行都是基于非常细化的步骤和规则。因此，在步骤说明中需要给予机器人清晰、详细的步骤说明和前提条件，以及它所需要的信息，这样机器人才能知道该怎么执行步骤，而不会出现步骤中断的情况。

流程定义文档包含两部分内容，分别是As-Is工作流程描述和To-Be自动化流程设计。

(1) **As-Is工作流程描述**。这部分可以采用系统流程图、截图，或者其他支持性文档予以阐明。在使用客户材料的情况下，应与客户确认该材料是否为最新版，确保正确性。详细说明每个环节的目标应用系统/环境，如OA(office automation，办公自动化)系统的申请单等。标注受影响的组织结构，如业务流程的输出项或决策点是否需要某部门审核确认。

(2) **To-Be自动化流程设计**。这部分可以通过使用RPA的过程来说明，阐明机器人可以完成的部分，以及需要与客户交互的部分。想要设计出优秀的RPA流程，可以通过以下四步来完成。

第一步：收集资料。

项目组需要列出一份资料清单交予项目组成员进行收集。为了整理业务需求部门发来的所有流程的资料，RPA项目组要与经验丰富的流程业务员和相关部门经理进行访谈，了解业务流程列表中各流程的具体操作步骤，获取公司整体组织及部门架构图、公司现有的流程操作手册、流程操作文件样本、流程操作步骤的截屏和内部控制手册。

项目组成员收集并整理客户发来的所有有关某一流程的资料，包括所使用的Word文档、Excel表单、视频/音频、PPT、简要介绍等。详细了解客户的业务流程信息，包含但不限于以下内容：涉及的业务场景、每月的人力投入、每月的业务重复量、流程图、流程步骤详细说明、流程所在的部门、所涉及的业务数据量、交互的系统环境、与上下游流程的关联性、流程的起止点、术语解释等一系列有关流程的所有信息。

第二步：熟悉业务。

根据收集的流程资料，详细观察业务流程运行过程，了解业务人员的诉求，目前遇到的问题，存在的对环境、流程、输入物、输出物等的特别需求点，以及针对现有流程的一些改进想法，对于不清楚的地方应及时与业务人员进行沟通，尽可能做到比他们更了解业务场景。

第三步：绘制流程图。

根据整理的资料与业务人员沟通，结合RPA，将业务场景以业务流程图的方式绘制出来。业务流程图采用标准的规范语言，可以使没有接触过业务的人员尤其是后续实施开发的项目组成员了解业务运行规则及步骤。

第四步：描绘详细步骤。

在流程图的基础上，进一步进行详细说明。按照所提供的流程定义模板文档，基于流程图写出每个步骤所对应的详细步骤描述，并配上相应的截屏(针对截屏最好做出详细的标注)，有些步骤需要多个截屏，应确保截屏的连贯性，然后和客户再次确认此流程的合理性、准确性和完整性。尤其要标识出输入输出项及其关联的规范和标准要求，说明流程每个环节所需要访问的环境应用系统或软件工具，并罗列出每个环节的判断决策点。

一份完整、清晰的流程定义文档是后续项目实施的依据，也是项目组成员之间实施的标准，只有在项目组成员对业务流程非常熟悉的情况下才能编写完成。

三、流程详设文档

一份完整的流程详设文档应该包含流程概述、流程功能设计和流程非功能设计三部分内容。

1. 流程概述

流程概述主要涉及该文档的编写目的和相关参考资料。明确编写目的可以使读者对整篇详设有初步认识，有利于读者理解整篇详设的设计思路，并能为以后工作提供可参考的文档依据。参考资料包含业务需求和软件需求，编写过程中应避免过于关注技术实现而忽视业务流程优化。

2. 流程功能设计

流程功能设计是流程详设文档的主要内容，包含系统概述、功能设计和辅助功能三部分内容。

(1) 系统概述。系统概述主要是对该流程的工作流程和涉及的系统进行总结性描述。例如，本流程为××场景，主要处理流程为登录××网站、查询××、下载××，对数据进行处理后通过邮件发送至××。

(2) 功能设计。功能设计是需求的一个重要组成部分，它影响系统的架构设计，是确定软件项目成本的重要依据。功能设计部分包括功能清单、功能关系和功能详细设计三部分内容。

- 功能清单。功能清单主要包括功能点、功能优先级、是否为核心模块等内容。开发人员通过此清单能够清楚地看到该流程的核心功能点，测试人员也可根据功能清单进行案例编写和相关案例测试。
- 功能关系。功能关系是指对流程整体功能进行规划设计，并通过机器人流程将各功能模块串联起来。一个便于管理和维护的流程会分为多个子组：环境准备子组、登录和密码管理子组、数据获取子组、数据处理子组、数据输出子组、异常处理子组等。
- 功能详细设计。功能详细设计要求我们对每个子组进行事件级别的拆分，并对拆分的事件进行设计方案的编写。以网页账户登录子组为例，该子组主要涉及账户密码存储与加密、访问目标系统登录页面、账户密码输入、验证码验证、登录5个步骤。针对账户密码存储与加密，需要编写的设计细节有：账户密码如何存储？存储在哪里？是否需要加密？是否需要进行定期修改？密码谁来维护？密码的维护规则是什么？流程详设文档需要给出这些问题的具体方案，以供开发人员进行流程开发。

(3) 辅助功能。辅助功能是为了实现流程功能所做的准备工作或辅助工作，主要包括环境准备、浏览器等工具参数配置、日志管理、模板文件管理、日期管理等。实施过程中应根据具体流程进行具体分析。例如，有些流程涉及较多模板文件，获取的数据需要根据模板进行加工处理，这时就涉及模板文件的管理、维护和更替等。

3. 流程非功能设计

流程的非功能设计主要是根据企业对RPA的定位与要求对流程的非功能方面进行设计，如性能、可靠性、安全性、运维管理、快速修改流程，以及支持流程组件拼装等。

流程详设的生命周期一般为需求收集，创建与迭代，流程评审，流程实施中的迭代，迭代、维护和学习，如图2-3所示。

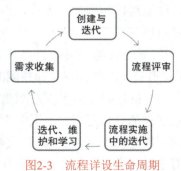

图2-3 流程详设生命周期

(1) 需求收集。需求收集一般分以下几种情况。

- 知晓业务模式。在这种模式下，通常由项目需求人员为RPA项目的实施落地收集相关需求。同时，项目目标主要是为了减少业务人员的工作量，收集业务人员的日常工作中有规律的、重复性的工作，将其作为后续机器人的工作内容。而针对大型需求，通常需要有自上而下、由浅到深的主线思维，切不可一开始就深入细节的操作点。
- 数据往来模式。数据往来模式是指在了解流程操作过程中，相关的数据来源会自动带着需求主干，从而深入了解数据的往来。
- 直接需求的理解和间接需求的引申。直接需求的理解是对流程操作细节进行需求收集，间接需求的引申则是对流程的完善性进行扩充。
- 结果导向。自动化流程的初衷并不是模拟人的操作去完成工作，而是尽可能地通过自动化工具加快客户处理业务的速度。因此，对于用户而言，他们的诉求在于RPA实施后所带来的结果，而不在于RPA操作的过程，使RPA用合规的方式以最短的时间完成用户想要达到的效果，就实现了最大价值。

(2) 创建与迭代。该阶段编写者需要与业务专家、技术专家不断沟通并进行文档共享，结合团队给出的问题和建议对流程详设进行快速迭代并最终编写出一个相对稳定的版本。

(3) 流程评审。与传统项目不同，由于业务专家、技术专家对其他系统和生产环境存在不可知性，RPA机器人流程详设的评审是在流程实施阶段持续进行的一个过程，需要结合流程运行时遇到的实际问题进行解决和设计。流程评审可以采用多种方法，可以将文档通过邮件发送给相关人员进行邮件评审或文档内部评论，也可以通过正式的评审会议，在会议上由作者对流程详设进行演示和讲解，由与会专家对流程详设进行评审，并最终出具相关问题清单和解决方案。

(4) 流程实施中的迭代。当一份相对稳定的流程详设评审通过后，便可进行开发设计。在流程测试阶段，当流程运行环境与生产环境不一致、无测试环境、流程前置条件未通过等情况发生时，技术人员需要在短时间内进行设计和开发。在此期间，业务人员会根据实际运行情况提出更合理的建议，并处理流程开发时由于数据源、测试数据量小导致的异常情况。

(5) 迭代、维护和学习。流程正式上线后，业务流程的调整、第三方应用和网站的变动，以及运行产品的替换等情况，都需要进行流程的优化，甚至是重新开发。这时就需要对之前的流程详设进行多次或持续地迭代和维护。此外，当技术人员遇到一个以前从未接触过的流程时，流程详设仍然是最容易访问的切入点。作为流程设计人员，在一两年后重新阅读自己编写的流程设计文档，对于问题的解决思路往往会有不同的看法和理解。因此，对流程详设的学习和复盘是提升技术人员流程设计技能的好方法。

在整个RPA流程实施过程中，一份好的文档可以起到事半功倍的作用。若没有一份好的文档，人们甚至很难理解流程实现的具体逻辑，尤其是对于RPA机器人的流程实现，它和传统项目的实现有非常大的不同。例如，传统项目的文件上传下载往往通过同一个方法传递不同的参数来实现，而对于RPA场景，文件上传下载往往根据业务场景的不同而变化，基本找不到两个一模一样的上传下载。

四、流程测试报告

RPA流程测试是贯穿RPA生命周期的一项重要工作，前文提到的流程评审和自测也是流程测试的一部分。接下来，主要讲解流程投产前的系统化测试。最终RPA会进行一定时间的试运行，以保证投产后流程运行的稳定性。

由于RPA流程的多样性、需求场景的不同，对于RPA流程的测试案例规范并没有一套统一的标准。RPA流程测试案例的制定可以从可靠性、安全性、稳定性、用户体验、流程时间占比等方面考虑，与传统项目不同的是，RPA用户体验和流程时间占比是非常重要和特殊的。

RPA用户体验包括用户与RPA机器人交互体验，多见于人机交互流程。对于后台无人值守RPA流程，用户体验包括流程的发起和终止体验、流程异常处置体验、流程结果文件查收体验、流程时效性与稳定性体验。RPA流程大多面向个体用户，因此该需求比较个性和主观，在创建用户体验案例时，应与业务人员充分沟通，尽可能地满足用户的各项需求。

RPA流程时间占比是以更好地服务业务需求为宗旨，综合考量技术实现、用户体验等因素计算得出的。RPA流程时间占比应包括流程运行占机器人工作时间的比例(总占机比)、RPA流程中各逻辑模块占流程运行时间的比例(模块占比)、RPA流程等待时间占流程运行时间的比例(等待占比)。总占机比主要是从机器人流程编排的角度考虑，总占机比越低且启停时间可自定义，则分值越高。模块占比主要是为了优化流程实现方式，占比过多的模块应考虑更换其他实现方式。例如，对于获取数据、处理数据、发送数据三个模块的流程来看，一般情况下获取数据时间应大于数据处理时间，倘若数据处理占比过大甚至超过数据获取占比，就应该考虑其实现方式是否合适。等待时间占比多发生在有操作第三方系统或网站的场景中，流程中应尽可能地减少等待时间的占比。

完整的测试案例描述应包括环境准备工作、测试案例描述、操作步骤描述、预期结果。其中预期结果要包括流程的响应时间和执行时间、流程的各逻辑处理阶段的时间占比。测试人员应由既熟悉RPA工具也了解需求的人员担任。完整的流程测试需要依次进行性能测试、功能测试、可用性测试、结果验证测试和用户确认测试。

(1) 性能测试。性能测试主要包括测试RPA流程在不同的工作负载下的表现；评估流程的响应时间和处理能力，确保在高并发和高压力的情况下，流程仍然能够稳定运行；确定流程的瓶颈并进行优化。

(2) 功能测试。功能测试主要是对RPA流程中的每个功能进行测试，确保每个步骤和操作都能正确执行；验证数据在不同系统间转换和流动的正确性；测试流程在不同环境和条件下的健壮性，确保其能够处理各种异常情况。

(3) 可用性测试。可用性测试主要是测试RPA流程的用户界面是否直观易用，确保用户能够轻松地与流程交互；评估流程的易用性，确保用户能够快速地理解和掌握操作方法；验证流程的用户体验是否满足用户需求。

(4) 结果验证测试。结果验证性测试主要是验证RPA流程输出的结果是否符合预期，确保流程能够准确地完成业务任务；对比流程的预期结果和实际结果，识别并修复任何偏差或错误；确保流程的输出结果具有准确性和可靠性。

(5) 用户确认测试。用户确认测试主要是在流程测试完成后，邀请实际用户参与测试，以验证流程是否满足他们的业务需求；收集用户反馈，对流程进行调整和优化；测试用户对流程的满意度和接受度。

对于RPA流程来说，其依赖第三方软件和网站，因此也很难将所有的生产问题考虑进去。另外，考虑到流程测试的成本问题和RPA流程优化快速、便捷等特点，有时会将测试流程进行简化，往往只需要确保需求方确认无问题即可。只要有足够完善的异常处理机制，对于突发事件能够及时处理并快速对流程进行修改、优化、重新部署，就能保证业务流程的连续性。

第三节　RPA项目团队及职责

一、RPA项目团队组建

人才紧缺是企业难以扩展其RPA项目常常被提及的原因之一。

流程自动化从识别开始到生产监测自动化结束，通常有发现与规划，流程分析，流程构建，验收与发布，运行、监控与评估和迭代/退役六个步骤，可以根据这六个步骤来评估自动化所需的人才，前两个步骤是业务性质的，后四个步骤是技术性质的。总体来说，企业需要三类人才：业务型人才、RPA技术人才和其他IT人才。

1. 业务型人才

(1) 流程主题专家：负责在前两个步骤中提供意见，以确定能够实现自动化的最佳流程。

(2) RPA业务分析师：负责与流程主题专家交流，并能详细了解流程、业务，以及一些技术要求(由RPA解决方案架构师提供支持)。由于RPA业务分析师对RPA有很好的了解，因此他能够发现哪些内容可以实现自动化，并在必要时重新设计流程，使其更适合自动化。

(3) 敏捷大师：也称为自动化项目经理，能按照敏捷思维，监督团队的整体实施，既有丰富的技术知识和业务理解能力，又有项目管理能力。

2. RPA技术人才

(1) RPA解决方案架构师：与RPA业务分析师和开发人员携手合作，确保RPA工作流程设计可靠，并符合所有技术规定。

(2) RPA开发人员：基于所选择的技术，在RPA解决方案架构师的监督下开发工作流程，参与用户验收测试步骤，并负责上线技术支持。

(3) 流程运营人员：任务是监测机器人，对问题进行预警，在RPA解决方案架构师的帮助下进行问题根源分析，积极进行产能管理，并提供运营支持报告。流程运营人员所需技能与高级RPA开发人员类似。

(4) IT基础设施专家：负责RPA的IT基础设施运维工作，建立、维护、测试开发机器人所需的环境,并且作为IT职能部门的主要联络人,随时了解IT底层应用和未来版本的变化。

3. 其他IT人才

(1) 安全专家:确保RPA实施符合企业的安全与审计要求,并防止企业在未来违反任何安全规定。

(2) 大数据工程师:进行企业底层元数据架构设计、数据清洗、数据建模、数据仓库建设,支持RPA流程相关BI报表的开发。

(3) AI人才:不仅能够调用OCR接口进行图像识别,还能够使用深度学习框架等进行语音识别、语义挖掘等,为RPA场景赋予AI能力。

上述提到的各类人才是RPA团队中的不同角色。角色是能力、权力和职责的集合。角色与人的关系,可以是多对一,也可以是一对一,因此,应该根据各成员的不同能力、企业当前所处的RPA发展阶段和待交付流程的技术需求,来组建最合适企业当前实际情况的团队。在实践中,特别是在早期,一些角色可以由同一人兼任。当RPA项目规模扩大时,需要进行分工。根据自动化流程的复杂程度,一位RPA开发人员每年只能开发10~15个自动化流程,很明显,要想扩大规模,企业就需要制订一个周密的计划来吸纳更多的人才。有些企业从RPA初始阶段就由企业IT部门的员工来搭建和实施RPA项目,然后随着流程需求的不断提升来逐步扩大RPA团队;有些企业可能会寻求外部专业供应商的帮助,来启动和实施RPA项目。

无论是自研还是外包,RPA实施团队都必须对主流的各RPA产品有所了解,而且要有丰富的技术栈,同时需要有一套完整的RPA咨询实施运维方法论和一套产品级别的RPA开发架构,其中RPA插件/组件将会起到关键作用。RPA实施团队不仅要具备在短时间内开发出或找到可用的RPA插件的能力,还要清楚地知道在什么时候使用它们、如何组装它们。很多情况下,在项目初期,团队就会设计后续实施过程中可能用到的组件,而真正到了实施阶段,更多的时间用来进行组装和配置,以及适配和测试。下面将详细介绍RPA各类人才应具备的能力。

二、RPA工程师

RPA工程师通常是在精通技术的业务用户和IT人才中选拔出来的。RPA工程师的日常工作内容主要有:①根据需求,设计、开发和测试自动化流程;②生产维护、支持和问题排查;③与业务分析师并肩工作,一起记录流程详细信息;④进行代码评审工作;⑤评估自动化的持续性;⑥与架构师一起设计自动化流程,支持RPA解决方案的实施;⑦在计划和设计阶段评估流程实现的复杂度;⑧对实施的解决方案文档化;⑨输出流程设计文档;⑩开发Dashboard以进行性能监控。

根据UiPath 2020年的调查报告显示:70%的RPA工程师有至少两年的RPA开发经验,但只有5%的RPA工程师拥有超过5年的RPA开发经验;79%的RPA工程师拥有各类RPA认证,在拥有证书的人员中,96%的人拥有UiPath认证;平均每位RPA工程师掌握3~4门编程语言,包含但不限于SQL、VB、VBA、.NET、C#、Python、C/C++、JavaScript、Java。

根据RPA开发的特殊性，自动化流程强调短平快，RPA工程师在实施项目时通常是单兵作战，因此RPA工程师所具备的知识就必须非常全面，一名合格的RPA工程师需要在技术栈、IT系统应用和网络三大方面都有所了解，不需要每样都精通，但要熟悉。

1. 技术栈

(1) 前端知识：了解HTTP、HTML、CSS、JavaScript等前端知识，在对网页端进行操作使用时，能利用RPA软件灵活处理网页信息。

(2) 编程能力：RPA开发者应掌握至少一门编程语言，具备快速编程学习能力和良好的项目经验，以及快速上手VBA和.NET技术的能力。VBA的名气虽然无法和主流开发语言媲美，但作为微软为自动化Office提供的语言，VBA可用于实现Excel、PowerPoint、Outlook、Word的灵活操作，在替代员工日常数字化办公操作方面有大量的应用背景。大部分的RPA产品设计器都是基于.NET技术进行开发的，虽然RPA软件已封装了许多流程组件，功能很全面，但并非是万能的，有些流程仍然需要用源码去处理。实际编程过程中，自行进行脚本代码开发的方式优于调用封装的组件，一方面稳定性会更高，另一方面程序处理性能会更好。

(3) 数据库：实现RPA与企业各业务系统数据库的交互，掌握常规的数据库知识，如在线存储、主键索引、全局锁与表锁、增删改查等。

(4) 掌握一两种RPA产品：需要了解产品的架构、组成部分、功能和优劣势。重点需要掌握开发模块的各个功能，并结合框架和组件做到最优的实现方式。

(5) 架构：在规定的时间内满足客户对需求的处理，及时考虑高并发和分布式场景，都是保证RPA流程高效优质实现的关键。

2. IT系统应用

一名合格的RPA工程师需要了解企业的IT基础设施，如 ERP、CRM、SAP、HR、OA等应用系统，Windows、Linux、Unix等操作系统，以及VM、U盾、税盘等相关技术设备。

3. 网络

RPA工程师在实施自动化解决方案时，在复杂的IT环境中，需要具备一定的网络知识，以确保RPA机器人可以顺利地在网络环境中运行。以下是RPA工程师在网络方面需要了解的一些关键知识点。

(1) 基础网络概念：理解网络的基础结构，包括局域网(LAN)、广域网(WAN)、互联网协议(IP)、域名系统(DNS)等。

(2) 网络架构和设备：熟悉网络拓扑结构、网络设备(如路由器、交换机、防火墙)，以及它们在网络中的作用。

(3) 网络安全：了解基本的安全概念，如SSL/TLS加密、VPN、防火墙规则设置、端到端加密等，以确保数据传输的安全性。

(4) 网络协议：了解HTTP/HTTPS、FTP、SMTP等网络协议，因为RPA机器人可能需要通过这些协议与网络服务进行通信。

(5) 网络诊断工具：掌握一些网络诊断和故障排除工具，如PING、traceroute、Wireshark等，以便在出现网络问题时能够进行基本的检查。

(6) 云服务和网络：由于许多RPA解决方案都涉及云服务，因此了解云服务的基础网络设置(如虚拟私有云VPC、子网、安全组等)是很有必要的。

(7) 网络性能优化：了解如何监控网络性能和带宽，以及如何对网络进行优化，以保证RPA机器人的效率。

(8) 网络配置和权限管理：能够配置网络设置和权限，以确保RPA机器人可以访问必要的系统和数据。

(9) 故障排除：当RPA机器人遇到网络问题时，能够掌握基本的故障排除步骤。

此外，一名合格的RPA工程师还应遵循软件开发的流程和方式，具备解决问题的能力、良好的沟通能力和英语读写能力等软技能，这样才能在RPA开发工作中独当一面。良好的沟通能力包含与客户的沟通和与团队内部的沟通。和客户之间良好的沟通，体现在可以理解客户的业务流程和业务规则，并让客户清楚地了解RPA是如何实现的，以及需要的前提条件和期待的实现结果。良好的团队内部沟通包含同事之间的技术交流和学习、项目中的相互协作、问题的及时反馈。有效的沟通和表达能促进一个团队的良性发展。

三、RPA 架构师

RPA架构师的工作职责如下。

(1) 负责根据业务数据、目标系统、业务流程与规则进行项目可行性分析，并设计项目实施方案。

(2) 负责规划、搭建企业内部的RPA系统平台，设计服务器体系结构，评估部署选项，安装、配置并创建专用的开发、测试和生产环境。

(3) 定义RPA解决方案的体系结构，并对其进行端到端的监督。

(4) 负责监督生产环境的初始基础设施。

(5) 准备RPA实施，评估开发工作量。

(6) 制定编码标准和指导方针，进行代码审查。

(7) 参与开发，测试结果和性能，分析并优化解决方案，对工作流组件和可重用性进行定义。

(8) 制订变更和沟通计划，在团队和项目实施过程中，积极主动地推动工作按期、优质交付。

(9) 负责选择适当的技术工具和功能集，并确保解决方案与企业指南保持一致。

(10) 与业务部门及用户一起识别业务潜在需求。

RPA架构师应该具有至少5年以上.NET或Python项目框架工作经验，熟悉上文中提到的所有技术栈、IT系统应用和网络方面的技能。有些流程可能存在高并发操作、大数据量操作需求，或者对流程处理性能有高要求，这就需要架构师能了解高并发、高性能的分布式系统设计及应用，了解负载均衡相关知识。在系统设计方面能考虑容错和灾备，并拥有极强的学习能力、良好的沟通技巧和跨职能团队合作的经验。

四、RPA业务分析师

RPA分析师的工作职责如下。

(1) 发现、分析、梳理和定义用于自动化的业务流程，并输出流程定义、流程图和映射等流程设计文档。

(2) 优化现有流程。

(3) 对潜在收益进行详细分析。

(4) 帮助定位RPA流程日常运行中出现的问题。

(5) 与项目团队协作进行项目测试。

作为一名RPA业务分析师，应该掌握特定领域的流程知识，熟悉业务逻辑，具备独立的业务分析能力和客户需求引导能力，能独立承担RPA项目的需求分析，了解需求管理的全过程，控制好需求风险；具备良好的需求探问技巧，如访谈、观察、问卷、文件分析等；具有良好的表达和沟通能力；掌握精益六西格玛知识，对流程优化和持续改进抱有热情；拥有业务流程图设计能力，精通Visio、Paradigm等流程分析工具；熟悉至少一种RPA产品，能够遵循RPA配置最佳实践。

五、RPA项目经理

RPA项目经理的工作职责如下。

(1) 组织和协调业务部门与技术人员的需求确认。

(2) 制订项目计划，做好需求变更管理，对项目进度和质量负责。

(3) 帮助团队做好风险识别和管控措施，解决项目实施过程中的技术瓶颈、资源不足或资源冲突问题。

(4) 定期进行项目进度汇报、项目总结及人员费用预算。

(5) 做好所有项目相关的文档管理、文档版本管理和会议纪要工作。

(6) 组织协调业务部门人员进行流程验收工作。

作为一名RPA项目经理，要有良好的项目规划能力和项目管理能力，要对项目整体有良好的把控力。同时，要熟悉项目管理和流程管控方法，具有一定的敏捷项目管理能力。工作中要积极主动，具备良好的沟通能力、逻辑思维能力，以及优秀的执行力和跨团队协作能力。有些乙方项目经理还需要了解RPA产品的特点、部署方式等，担任售前支持的角色，与客户进行方案讲解、产品演示和技术交流等工作。

六、RPA基础设施工程师

RPA基础设施工程师的工作职责如下。

(1) 负责RPA产品的安装、环境配置工作。

(2) 负责RPA机器人的发布、升级、监控和维护工作。

(3) 负责RPA机器人的版本管理和配置文档管理工作。

(4) 对RPA机器人的异常中断、告警等问题进行排查与恢复。

(5) 协助导出业务报表或日志信息，帮助运营或技术人员排查问题。

RPA基础设施工程师作为部署团队和未来运营团队的成员，应熟悉RPA产品的本地化部署和云端部署的相关配置，了解网络相关知识，最好是具备通过阅读流程文件就能了解业务逻辑的能力，以便流程中断现象发生时知道如何快速恢复。此外，RPA基础设施工程师应遵守严谨的操作规范，有较强的责任感和服务意识。

第四节　RPA项目交付

一、传统RPA交付

传统RPA交付是指将RPA交付过程划分为不同的阶段(如发现、分析、设计、开发、测试、部署和监视)，每个阶段代表一个特定的活动，并且后一个阶段依赖于前一个阶段的交付成果。瀑布模型就是该交付方式的经典例子。传统RPA交付是非迭代的，也是非增量的，交付进度在各个阶段只朝一个方向前进("瀑布向下")。对于单个业务流程的自动化，这种开发模型意味着需要将所有流程组件自动化到完全逼真的程度，然后发布整个自动化业务流程。

在流程发现阶段，对于每个自动化流程，由业务部门的流程所有者、流程分析专家参与编写并输出一份流程定义文档(PDD)，将其作为业务部门进行粗略的初始流程分析的参考文档。

在流程分析阶段，项目经理组织项目团队(如架构师、开发人员)评估业务流程是否适合自动化，即可行性分析。如果业务流程通过了可行性分析，接下来就与业务人员进行需求详细分析，进一步改进并输出一份详细的PDD，其中包括分步流程说明、流程统计(如事务量、执行时间表)、输入/输出自动化范围、业务和应用程序异常、用户角色和权限(如身份验证、授权)、系统安全和隐私威胁评估、SLA、系统依赖性和业务收益点(如时间、成本节约)。该PDD非常详细地描述了"原业务"流程。

在流程设计阶段，开发团队根据PDD创建方案设计文档(SDD)，该文档详细说明了流程的实施方法，如体系结构设计、设计原则、异常处理、可重用组件等。

在开发和测试阶段，开发人员、测试人员根据PDD和SDD进行流程的开发和测试，测试通过后部署流程给业务人员使用。

我们可以看到，在整个传统RPA交付的过程中，很长一段时间用于详细规划RPA交付的大部分内容，并且在分析阶段，一直到最终验收测试通过将自动化部署到生产环境之后，流程使用者才真正参与进来。整个设计、开发过程中倾向于计划导向，借助分析阶段的PDD来指导整个交付过程。而在实际的开发过程中，经常会发现PDD不完整、不准确、模棱两可，有时甚至与实际情况不一致，这使得交付从一个可预测估量的过程变成了一个不可预测的过程。在流程交付后，业务部门在使用过程中可能会发现开发的流程与实际情况不符，反馈到项目团队后，项目团队成员的感受会是需求一直在变。

传统RPA交付方法的本质是抵制变化，由于交付过程中存在高度不可预测性，并且在没有通过密切合作来提高透明度的情况下，无法降低自动化流程的故障风险，在交付时造成大量返工，会极大影响项目团队对RPA流程的交付能力。同时，这类返工由于延迟和成本超支困扰着PRA计划，进而阻碍了CoE在整个企业中扩展RPA。

二、敏捷RPA交付

"敏捷"一词在2001年的《敏捷管理》中得到了推广，该宣言基于12条原则和下列4个核心价值观：个体和互动高于流程和工具；工作的软件高于详尽的文档；客户合作高于合同谈判；响应变化高于遵循计划。

敏捷RPA交付并不是指某种技术，而是指RPA交付的哲学，是迭代式和增量式交付的结合。对于一个业务流程的交付，"增量交付"是指将一些流程组件一个接一个地自动化到完全逼真的程度，将它们发布，并在下一个版本中自动化其他流程组件；"迭代交付"是指以低保真度自动化所有流程组件，将它们发布，并在下一个版本中提高流程组件的自动化保真度。增量表示"添加到"，即"向自动化添加流程组件"；迭代意味着"改变"，即自动化中的"持续精炼过程组件"。敏捷RPA交付就是指以低保真度一个接一个地自动化一些业务流程组件，将它们发布，逐渐提高它们的自动化保真度，并在下一个版本中自动化其他流程组件。

传统RPA交付是一次为整个自动化业务流程开发的活动，而敏捷RPA交付是为整个自动化业务流程的子集执行所有活动。敏捷RPA交付的关键是频繁地生产机器人并根据收到的有价值的反馈进行持续改进。可用的机器人可以理解为最终自动化业务流程的一个子集，为业务部门创造价值。在敏捷RPA交付中，没有什么真正被认为是最终的，因为CoE总是可以在功能、性能、可靠性、稳定性、安全性、可用性等方面发展自动化。因此，在某种意义上，敏捷RPA交付的目标不是交付完美的自动化流程，而是在时间和资源有限的条件下产出高效、有价值的业务流程，并逐渐减少没有价值的工作。

三、RPA项目敏捷管理

敏捷交付拥抱"变化"，在此本书提出使用"Scrum+看板+XP"组合的项目管理框架，帮助RPA团队将敏捷交付的价值观付诸于实践。

Scrum建立在经验主义和精益思想的基础上，核心思想是透明性、检查和自适应。经验主义认为知识来源于经验，并根据观察结果做出决定。精益思维的核心思想是减少浪费，注重本质。Scrum采用一种迭代、增量的方法来优化可预测性、控制风险，是一种控制不可预知的项目管理框架。

Scrum团队需要一系列的实践来实现更稳定、更健康、可持续的流程，引入看板可以支持和推进持续性软件开发。看板将工作任务可视化，量化开发周期，方便管理和优化流程。Scrum关注RPA交付的管理方面，看板则专注于RPA交付流程的持续优化。

Scrum团队还应在运行Scrum和看板的同时辅以XP(extreme programming，极限编程)实践,这些实践包括结对编程、测试驱动开发、编码标准、设计原则、代码评审、重构和持续集成。团队应该将XP实践作为一种改进方法,Scrum帮助XP扩展,XP帮助Scrum更好地工作,通过XP实践提高自动化的质量。

通常,可以将RPA交付过程划分为2~4周的迭代,又称为Sprint。每次Sprint之后,都会交付一个流程机器人,并在Sprint评审期间收集来自业务部门的反馈,从而逐步优化机器人,使得机器人逐步为业务部门产生价值。这种进化、逐步增强的方法不仅适用于机器人的技术实现,还应用于PDD和SDD的开发。这些文档无须花费数周甚至数月的时间来计算"可能发生的事情"和"可能相关的事情"的每一个细节,而是以迭代和增量的方式发展起来。这并不意味着没有预先计划。计划是更注重大局,而不是每一个微小的细节。敏捷交付强调的是响应变化而不是遵循计划,Scrum团队根据对业务流程及其相关自动化的了解不断调整计划。

从业务角度来看,可以把一个跨部门或单个部门内较为复杂的自动化业务流程看成一个Epic,并对其进行相关的PDD和SDD描述。Epic不能在Sprint内完成,因此需要将它拆分成更小、更易于管理和实现的用户故事。用户故事可以根据用户场景被进一步拆分为两个或多个用户故事。用户故事的拆分要保证在一个可测量的流程交付的情况下进行。例如,有个Epic是要从发票中提取订单细节、付款条件等数据,考虑到输入的发票可以是不同的格式,如PDF、DOC、JPG等,在这种情况下,可以将用户故事拆分为一组用户场景,每个用户场景用于处理不同格式的发票。此外,还可以进一步根据发票是包含结构化数据(如机器编写的发票)还是非结构化数据(如手写的发票)来拆分这些用户场景,然后分析哪些场景的实现对业务用户来说价值更大。在这个案例中,采购部门收到的发票中可能有92%是机器编写的PDF格式的发票,此时就可以优先去实现自动提取PDF格式的发票数据这一场景,而不是把所有场景都实现,防止从一开始就过度设计机器人,避免为几乎没有利益相关者价值的场景投入大量额外的自动化工作。

从技术角度来看,Epic被拆分为一组单独的机器人组件,每个机器人组件反映了一个处理操作(如访问文件夹、读取文件、分类文件、提取数据、解释数据、输入数据)。机器人组件是由某些事件触发的?这些事件可以是用户操作(如敲击键盘、单击按钮)、服务事件(如开始、暂停、恢复)、数据库事件、电子邮件事件和文件系统事件(如文件添加、修改、删除)。因此,每个机器人组件都是一组对特定事件做出响应的自动操作。一个机器人组件的输出是另一个组件的输入,因此,机器人组件之间的边界可以根据事件触发进行定义。将机器人组件设计为相互独立的形式,就可以把机器人组件变成可重复使用的自动化系统,这些自动化系统被维护在一个中心位置,并在许多其他机器人中使用。

Scrum项目管理模型中主要有三个角色:产品所有者、Scrum大师和开发人员。对应RPA行业中的角色,RPA变更经理代表产品所有者,RPA团队教练是Scrum大师,RPA开发工程师、RPA基础设施工程师、RPA测试人员和RPA解决方案架构师都是Scrum中的开发人员。Scrum团队的主要利益相关者是业务部门人员,包含流程所有者、流程领域专家等。

- RPA变更经理:为CoE设定了战略方向,负责将产品backlog按Epic进行优先级排序。产品backlog是所有自动化流程需求(潜在机器人)的列表。
- RPA团队教练:是CoE的核心角色,对Scrum团队的有效性负责。RPA团队教练指导CoE完成从传统交付到敏捷交付的过渡,帮助Scrum团队专注于开发符合DoD定义的机器人增量,消除项目前进的障碍,确保活动(如每日Scrum、冲刺计划)富有成效并在一定时间范围内不断迭代,指导Scrum团队成员进行自我管理和跨部门协助。

- RPA解决方案架构师:是经验丰富的专业人员。一方面,RPA解决方案架构师在技术方面具有丰富的基础设施知识(如服务器、存储、网络相关知识),负责定义RPA解决方案的体系结构,进行开发工具和所用技术的选型工作,指导和协助RPA开发工程师实施流程开发,并围绕Scrum团队共享知识和最佳实践原则协调RPA开发工程师。另一方面,在开发阶段,RPA解决方案架构师也是产品所有者的代理。在每个Sprint中,Sprint的backlog都是从产品backlog中提取出来的。RPA解决方案架构师弥合了业务和开发之间的鸿沟,将Epic拆分为用户场景,与RPA业务分析师密切合作,不断完善流程设计文档,沟通并确定Sprint backlog的优先级,通过确保Sprint backlog透明、可见,积极指导Scrum团队的自动化过程。产品所有者为Scrum团队提供战略指导,RPA解决方案架构师为Scrum团队提供操作指导。

- RPA业务分析师:RPA业务分析师包含流程所有者、流程领域专家等,他们与RPA解决方案架构师密切协作,创建和维护流程定义文档,并参与测试。

- RPA开发工程师和RPA测试人员:主要负责流程自动化的开发和测试,并不断挑战RPA解决方案架构师的总体设计。现实生活中,测试被视为团队每位成员的责任,因此越来越多的企业不会在RPA流程开发上安排测试团队,但从项目管理角度来说,建议团队中要有经验丰富的专职测试人员。RPA测试人员的职责并不是单纯负责测试,而是可以承担起积极参与、指导和建议全体团队成员进行测试的责任,通过激励团队成员不断批判性地思考他们设想、设计、构建和发布的自动化,使测试变得强大。

- RPA基础设施工程师:主要负责基础设施(如服务器、数据库、应用程序、虚拟机)的配置、部署、协调(如监控)和维护(如机器人性能改进、故障排除),以用于生产环境和准生产环境。该角色由IT Ops统一管理,但致力于RPA计划,须与RPA解决方案架构师协作,以确保RPA解决方案符合企业标准。RPA基础设施工程师是CoE和IT运营之间联系的关键角色。

- RPA支持工程师:是在生产环境为受机器人影响的员工提供帮助的一线支持人员。

在企业RPA的试点阶段,一般会先成立一个Scrum团队来实施某个业务部门的试点流程,到了RPA的拓展阶段,随着机器人需求的不断增多,需要成立多个Scrum团队来分别应对不同业务部门的流程,并进行跨部门合作,这便对Scrum的管理提出了挑战。

首先,在Scrum各角色的人员配备上,每个Scrum团队都应配置RPA解决方案架构师、RPA开发工程师、RPA基础设施工程师、RPA测试工程师和RPA团队教练。多个Scrum团队的情况下,RPA基础设施工程师和RPA团队教练可以是共享资源。图2-4展示了4个Scrum团队的人员配置情况,供企业CoE参考。

RPA基础设施工程师	RPA测试工程师	RPA解决方案架构师	RPA开发工程师	RPA团队教练	
1	1	1	4	1	团队1
	1	1	4		团队2
1	1	1	4	1	团队3
	1	1	4		团队4
产品所有者		RPA开发工程师		Scrum Master	

图2-4 Scrum 团队人员配置

其次，每个Scrum团队被分配给一个或多个部门(如市场、销售、法律、采购、财务、人力资源)，这并不意味着Scrum团队完全只负责为他们指定的部门实施自动化业务流程。当某个部门有自动化需求时，由于指定的Scrum团队对该部门的业务流程和所涉及的业务系统交互更熟悉，因此优先将需求分配给指定的Scrum团队。当需求与该Scrum团队的核心能力不匹配时，则可在各Scrum团队之间进行协作。因此，Scrum团队之间必须密切合作，增强团队任务的透明性，从而实现跨部门流程的自动化。

本章小结

本章主要描述了RPA项目实施方法论，包括项目实施全生命周期、交付文档、项目团队及职责，以及项目交付。

思考题

(1) RPA项目实施生命周期包括哪几个阶段？
(2) RPA项目的交付文档有哪些？文档的重要组成部分是哪些？
(3) RPA项目团队包含哪些成员？他们的职责分别是什么？
(4) 传统RPA交付与敏捷RPA交付的区别是什么？

开发应用篇

第三章至第六章为开发应用篇，内容包括UiPath Studio的安装与使用，以及Excel自动化、Web自动化、E-mail自动化模块各控件的使用，通过典型场景串联起来，对RPA应用模块进行简单的介绍。

第三章 UiPath Studio 的安装与使用

第一节 UiPath Studio简介

一、产品介绍

用UiPath开发、运行、管理机器人，离不开UiPath Studio、UiPath Robot和UiPath Orchestrator三个核心组件。

UiPath产品如图3-1所示。UiPath Studio是用于构建自动化流程的工具；UiPath Robot用于将UiPath Studio中开发的自动化流程发布到UiPath Orchestrator或本地；UiPath Orchestrator是一个Web应用程序，用于管理、控制和监视自动化任务，充当UiPath Studio和UiPath Robot之间的接口。

图3-1 UiPath产品

1. UiPath Studio

UiPath Studio是一个集成开发环境，是创建和测试自动化流程的工具。即使开发者没有编程基础，也可以使用内置录制器、拖放活动和最佳实践模板直观、快速地设计自动化工作流程。UiPath Studio包含所需的各种应用，如Web、SAP和虚拟化桌面。它可以通过API不断集成新的应用、技术和平台，并利用预设定组件、拖放式建模和工作流程录制器，通过少量编码为简单任务实现自动化。UiPath Studio的特点如下。

- 通过简单的拖放式编辑器快速设计自动化流程。
- 只需记录开发者的工作流程，跳过容易出错的手工编程。
- 从UiPath应用市场获取预制的自动化组件，帮助开发者更快、更便捷地创建自动化流程。
- 通过协作工具和简单的第三方组件集成，支持每个部门和工作流程。
- 使用可共享且可重复使用的组件，提升协作性和效率。

2. UiPath Robot

UiPath Robot(机器人)执行本地发送或通过UiPath Orchestrator发送的工作流和指令。机器人的类型有以下三种。

(1) 有人值守机器人：有人值守机器人在用户计算机上运行，与人员协同工作，以提高质量和工作效率。它可以处理流程中的例行任务，并在用户需要加快任务速度时传递信息。经过编程，它还可以提供指导和建议。

(2) 无人值守机器人：这种自动化类型的机器人需要很少的人工干预，甚至不需要人工干预，就可以执行全自动、大批量、基于交易的流程。它通常用于任务繁重的后端环境。

(3) 混合型机器人：该类型的机器人是有人值守机器人和无人值守机器人的组合，最适用于需要大量用户交互的应用。

有人值守机器人为用户提供支持，并自动启动无人值守机器人完成后端处理。混合型机器人可在单一解决方案中为用户提供支持和后端处理，从而充分发挥复杂业务流程(如发票处理)的端到端自动化执行潜力。

3. UiPath Orchestrator

UiPath Orchestrator是自动化管理的核心。无论企业规模大小，都可以通过企业级集成与合规性来部署、监测和优化机器人，并确保每个机器人的安全。UiPath Orchestrator既可以作为UiPath自动化云、本地、虚拟机、私有云或公有云、Linux VM的SaaS来使用，也可以作为一个云原生的容器化套件来使用。

UiPath Orchestrator用于发布在UiPath Studio中开发的自动化工作流，将其分配给机器人并执行。该组件以Web应用程序格式提供，可用于管理机器人、活动包、要处理的数据、执行计划和其他资产。

UiPath Orchestrator适用于涉及复杂流程的大型机器人部署，但也可以部署在处理简短且重复的流程，以及机器人数量较少的场景中。UiPath Orchestrator可提供配置、部署、启动、监控、测量和跟踪有人值守和无人值守的机器人工作所需的能力，确保全体数字员工的安全高效。

UiPath Orchestrator追踪并记录每个机器人的一举一动，以及人们使用机器人所做的一切，因此可以保持合规性和安全性。下钻式仪表板和UiPath Insights提供从部署到ROI的全面可视性。

本书使用的是官网的社区版2023.4.1.0，其他版本可参照进行。UiPath不同版本的对比如表3-1所示。

表3-1　UiPath不同版本的对比

项目	UiPath社区版	企业版UiPath Studio	企业版UiPath平台
适用范围	适用于个人和小型团队	适用于企业	适用于企业
适用场景	适用于个人RPA开发者和小型团队，可随时升级到企业版	适用于希望试用UiPath Studio的企业开发人员	完整的企业自动化平台的本地部署版本
免费试用期	永远免费	60天	60天
许可证数量	Orchestrator 1个 Action Center 5个 Studio 2个 StudioX（包含在Studio许可证内） 1个许可证 10个许可证 1个有人值守机器人 额外机器人	Studio 1个 StudioX 1个	Orchestrator 1个 Action Center 10个 Insights 1个 Studio 10个 StudioX 10个
包含机器人	2个有人值守机器人；1个无人值守机器人	1个有人值守机器人	不限量；按需发放许可证
软件更新	由UiPath管理更新	由企业自主管理更新	由企业自主管理更新

二、UiPath Studio的下载、安装与激活

1. UiPath Studio的安装环境与配置要求

若要安装UiPath Studio，系统需要满足一定的软硬件要求。

(1) 硬件要求。硬件要求如表3-2所示。

表3-2　硬件要求

项目	最低版本	推荐版本
CPU	双核1.8 GHz 32 位 (x86)	4核2.4 GHz 64 位 (x64)
RAM	4 GB	8 GB
磁盘空间	3.5 GB(新安装)，5 GB(升级，包括安装过程中所需的临时文件)	N/A
显示器	分辨率不低于1024×768 像素	N/A

(2) 软件要求。软件要求如表3-3所示。

表3-3　软件要求

项目	要求
操作系统	Windows 8.1或更高版本
.NET Framework	4.6.1或更高版本
网页浏览器	Internet Explorer v8.0或更高版本 Google Chrome 64或更高版本 Mozilla Firefox 52.0或更高版本 Microsoft Edge适用于Windows 10 Version 1803或更高版本
Microsoft Office	Office 2013或更高版本

2. UiPath Studio的下载

步骤1：登录UiPath官网，网址为https://www.uipath.com.cn/，单击右上角的"开始试用"按钮，如图3-2所示。

图3-2　UiPath主页

步骤2：进入版本选择页面，单击页面左下方的"免费使用UiPath社区版"，如图3-3所示。

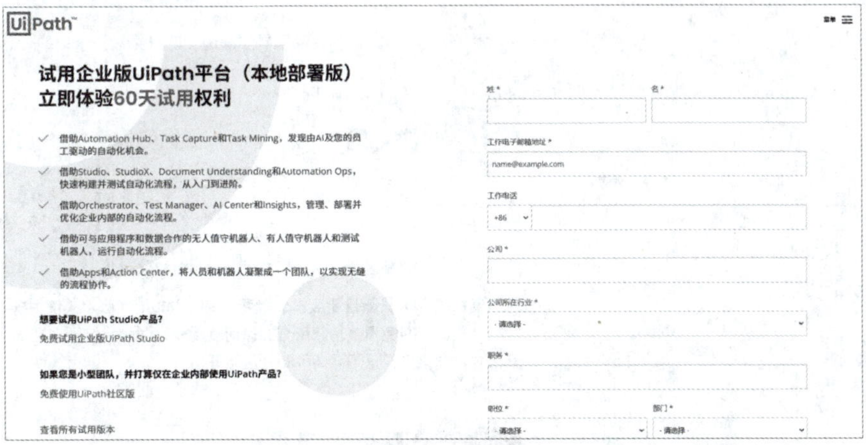

图3-3　版本选择页面

步骤3：进入信息填写页面，按网页提示填写相应信息，如图3-4所示。

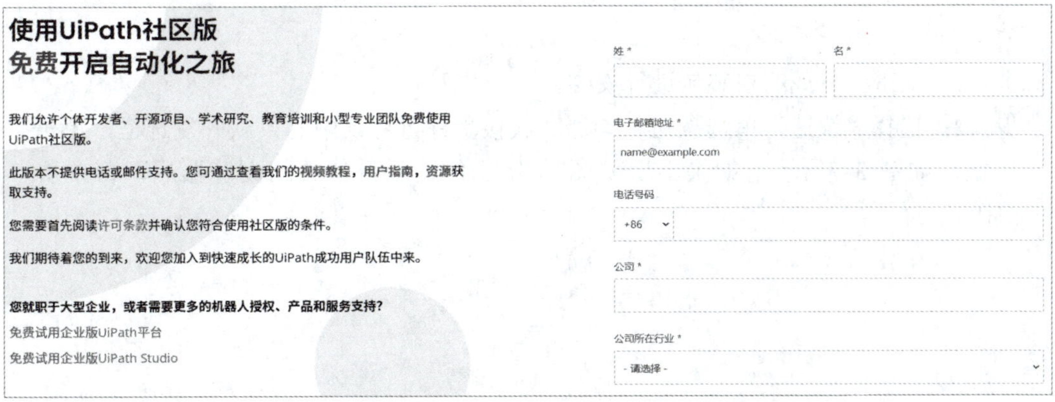

图3-4　信息填写页面

步骤4：阅读隐私政策及授权许可协议后，勾选相应复选框，单击"提交"按钮，如图3-5所示。

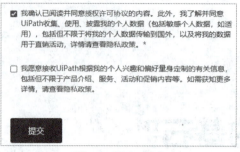

图3-5　提交页面

步骤5：登录申请时填写的邮箱，查看收件箱，打开UiPath发送的邮件，单击"下载UiPath平台社区版"按钮，将UiPath安装包保存至本地，如图3-6所示。

图3-6　下载安装包

3. UiPath Studio的安装

步骤1：双击已下载的安装包进行安装。

步骤2：选择"快速"单选按钮，勾选"我接受许可协议中的条款"复选框，单击"安装"按钮，如图 3-7所示。如果出现如图3-8所示的提示，请关闭浏览器后，再单击"确定"按钮。

第三章　UiPath Studio 的安装与使用

图3-7　安装

图3-8　关闭浏览器进程

步骤3：安装完成后，单击"启动UiPath Studio"按钮，如图3-9所示。安装完成。

图3-9　启动 UiPath Studio

4. UiPath Studio的激活

第一次运行UiPath Studio时，系统会提示登录UiPath账户，如图3-10所示。本书以社区版为例介绍激活步骤。

图3-10　登录UiPath账户

49

步骤1：单击图3-10中的"Sign in"按钮，登录UiPath账户。

步骤2：通过浏览器进入社区云平台登录页面，如图3-11所示。如果已有账户，可使用电子邮箱登录。如果用户没有社区云平台账户，可按本书后文中"UiPath社区云平台注册"的步骤先注册账户。

步骤3：登录后，系统提示打开UiPath，如图3-12所示。单击"打开 UiPath"按钮，以返回UiPath Studio。

图3-11　社区云平台登录页面

图3-12　提示打开UiPath

步骤4：如果用户有权访问多名租户，则需选择要连接的租户，然后单击"继续"按钮。如果用户只有权访问一名租户，则无须进一步输入即可与其连接，如图3-13所示。

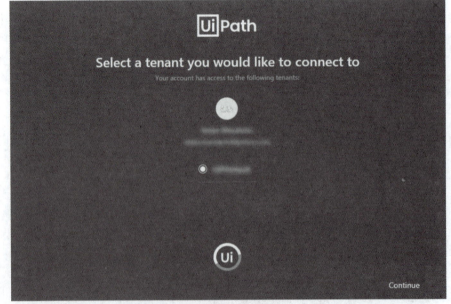
图3-13　连接租户

步骤5：在UiPath Studio和机器人助理中登录UiPath账户并连接到Orchestrator，激活产品，系统将提示选择要使用的配置文件(UiPath Studio或UiPath StudioX)，如图3-14所示。

图3-14　选择配置文件

步骤6：单击"UiPath Studio"按钮，进入欢迎页面，单击"Close"按钮关闭即可，如图3-15所示。

图3-15　欢迎页面

步骤7：首次安装UiPath Studio时，默认的软件界面语言是英文。执行"Settings"→"General"命令，在"Language"中选择"中文(简体)"，在弹出的对话框中单击"Restart"按钮，即可将语言设置为中文，如图3-16所示。

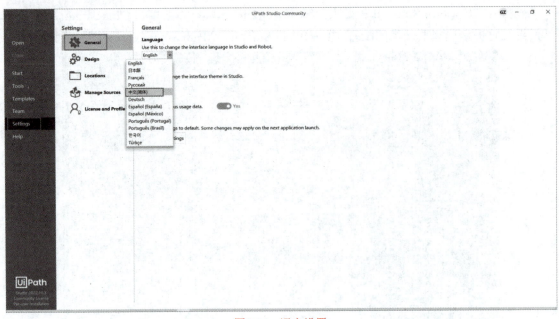

图3-16 语言设置

5. UiPath社区云平台注册

本书以E-mail注册为例讲解注册过程。

步骤1：在社区云平台登录页面单击右下角的"Sign up"按钮，如图3-17所示。

步骤2：单击"Continue with E-mail"按钮，如图3-18所示。

图3-17 登录页面

图3-18 选择E-mail注册

步骤3：按照网页提示填写注册信息，单击"Sign up"按钮，完成注册，如图3-19所示。

步骤4：单击"Create Organization"按钮创建组织，如图3-20所示。

图3-19　注册页面

图3-20　创建组织

步骤5：按照网页提示填写信息，填写完成后单击"Continue"按钮，如图3-21所示。

步骤6：当出现如图3-22所示的界面时，UiPath已向刚刚填写的邮箱发送了一个账号验证邮件，此时需要回到邮箱进行账号验证。

图3-21　填写信息

图3-22　发送验证邮件

步骤7：返回邮箱，打开UiPath发送的验证邮件，单击"Verify E-mail"按钮即可跳转至账户验证界面。

步骤8：验证完成后返回账号登录页面，单击"Continue with E-mail"按钮，如图3-23所示。

步骤9：跳转至登录页面，如图3-24所示。输入刚刚创建的账户邮箱与密码，单击"Sign in"按钮，即可成功登录UiPath。

图3-23　选择E-mail

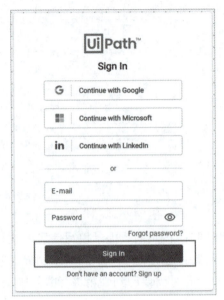
图3-24　登录页面

三、管理活动包的设置

活动包(简称包)是一组活动,是已发布的自动化项目。包可以自动化某个应用程序(如UiPath.Excel.Activities、UiPath.Word.Activities等)或某一类应用程序(如UiPath.Mail.Activities、UiPath.Terminal.Activities等),或者在自动化中使用某些技术(如UiPath.OCR.Activities、UiPath.FTP.Activities等)。UiPath Studio使用NuGet订阅源来安装包。在UiPath Studio中有以下两种方式处理这些订阅源。

(1) 应用程序级别:执行"设置"→"管理来源"命令配置订阅源。

(2) 项目级别:通过功能区中的"管理包"按钮配置订阅源。

包管理器是管理包的工具,可以下载包、库、框架、包装器等,也可以查看已经项目安装的包并更新,还可以添加和删除自己的包。包管理器显示了每个订阅源的可用包列表和每个当前项目的依赖项列表。每次打开"管理包"窗口时都会显示"项目依赖项"列表,如图3-25所示。默认的项目依赖项有五项:UiPath.Excel.Activities、UiPath.UIAutomation.Activities、UiPath.System.Activities、UiPath.Testing.Activities和UiPath.Mail.Activities。

如果需要安装包或更换包的版本,可先选择"所有包",在搜索框中输入要安装或更换的包的关键词,再选中该包,这时有关包的详细信息会显示在"管理包"窗口的右侧面板中,选定要安装或更换的版本后,单击"安装"按钮,再单击"保存"按钮,即可完成安装,如图3-26所示。

图3-25 项目依赖项

图3-26 安装依赖项

第二节 UiPath Studio的界面

UiPath Studio包括三个主要界面：主页、设计和调试，如图3-27所示。

图3-27 主页、设计和调试

- 主页：跳转到UiPath Studio的后台视图，可以在此打开和创建项目、配置UiPath Studio等。

- 设计：使用项目、活动、画布等可用工具来构建自动化流程。
- 调试：使用一套完整工具来调试工作流。

一、"主页"界面

首次打开UiPath Studio 时进入的就是"主页"界面，也可以通过单击主界面窗口左上角的"主页"进入。在"主页"界面，可以创建和打开项目、配置UiPath Studio、访问帮助和许可证信息，也可以管理自动化页面、新建流程、浏览模板，甚至是查找学习资源。"主页"界面包括"开始""工具""模板""团队""设置"和"帮助"六个选项卡。

1. "开始"选项卡

"开始"选项卡由两个区域组成，右侧用于新建项目，可以新建空白项目，也可以从模板新建项目，左侧用于打开项目，可以打开本地项目，如图3-28所示。

图3-28 "开始"选项卡

其中，新建项目中，从流程、库、测试自动化和模板新建，都将生成一个UiPath Studio项目。

新建模板可以创建一个UiPath Studio所使用的模板，在发布之后，它将出现在"从模板新建"处或模板页面，供他人在此机器人的程序设定上进行完善和修改。

2. "工具"选项卡

"工具"选项卡中包括Apps、UiPath扩展程序和插件三个页签。

（1）"Apps"页签。"Apps"页签包括用户界面探测器、项目依赖项批量更新工具和Microsoft Office修复工具，如图3-29所示。其中，用户界面探测器可根据自动化程序需求，在相应的环境中实现用户界面元素的原生检测，使得构建RPA自动化机器人时更加得心应手。

图3-29 "Apps"页签

(2)"UiPath扩展程序"页签。UiPath扩展程序用于管理UiPath与其他应用程序交互时所使用的扩展程序，包括Chrome、Edge、Firefox、Java、Silverlight、Citrix、Microsoft远程桌面和Apps、VMware Horizon等，如图3-30所示。

图3-30 "UiPath扩展程序"页签

(3)"插件"页签。UiPath中默认启用GIT、SVN、TFS的来源控制插件，如图3-31所示。可以在此处单独启用或禁用它们。

图3-31 "插件"页签

3. "模板"选项卡

在"模板"选项卡中可以查看所有可用的项目模板,并可按来源搜索、筛选模板,如图3-32所示。UiPath提供了以下内置项目模板:后台流程、移动测试项目、编排流程、机器人企业框架、事务流程、有人值守的自动化框架等。

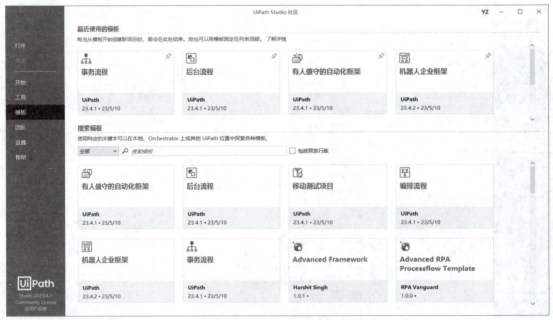

图3-32 "模板"选项卡

4. "团队"选项卡

在开发需要多个用户之间紧密协作的大型项目时,运用来源控件系统非常方便。在"团队"选项卡中可以将自动化项目连接到GIT、TFS或SVN,如图3-33所示。

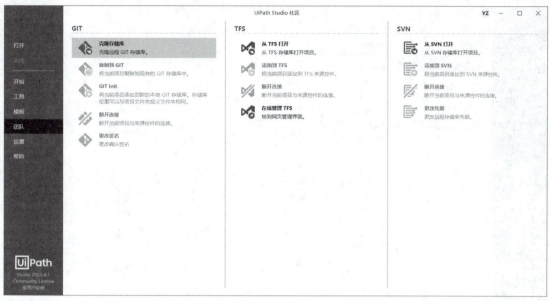

图3-33 "团队"选项卡

5. "设置"选项卡

"设置"选项卡提供了多种配置UiPath集成开发环境的选项，这些配置项可以帮助用户自定义UiPath集成开发环境，使制作机器人更加得心应手。"设置"选项卡中包括常规、设计、位置、管理源、许可证和配置文件五个页签。

(1) "常规"页签。在"常规"页签中不仅可以设置UiPath的语言、主题，还可以重置UiPath集成开发环境到默认设置，如图3-34所示。

图3-34 "常规"页签

(2) "设计"页签。"设计"页签中包括绝大部分有关UiPath集成开发环境与开发设计的相关项目，如图3-35所示。

59

图3-35 "设计"页签

(3)"位置"页签。在"位置"页签中可以配置项目路径、发布库URL地址、自定义工作流分析器规则的默认位置等，如图3-36所示。

图3-36 "位置"页签

(4)"管理源"页签。从UiPath Studio的后台视图管理活动包订阅源，而不必打开项目。此页签中的选项与"管理包"窗口中的选项类似，可用于调整各个项目的订阅源，如图3-37所示。

(5)"许可证和配置文件"页签。在此页签中可以添加本地许可证密钥或切换到另一个用户配置文件，如图3-38所示。

图3-37 "管理源"页签

若要在本地许可Studio时添加新的许可证密钥,则可单击"更改本地许可证",输入新的许可证密钥,然后单击"继续"按钮。

若要切换到其他配置文件,则可单击"更改配置文件",然后选择UiPath Studio或UiPath StudioX。

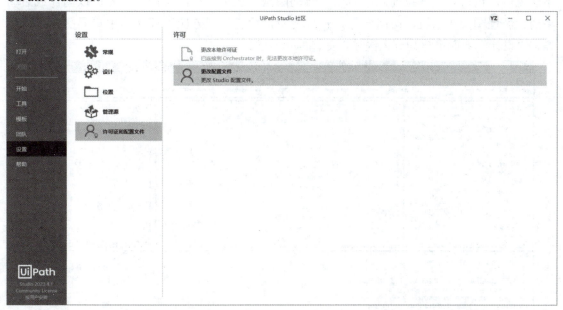

图3-38 "许可证和配置文件"页签

6. "帮助"选项卡

在"帮助"选项卡中可直接访问产品文档、社区论坛、帮助中心、Academy(学院)、发行说明、快速教程等,如图3-39所示。有关产品版本和安装、许可证详细信息、更新渠道等信息也可以在"帮助"选项卡中找到。

图3-39 "帮助"选项卡

二、"设计"界面

"设计"界面包含多个面板，便于轻松地访问特定功能。这些面板可以停靠，充当浮动窗口，也可以在下拉列表中启用"自动隐藏"选项。在"设计"界面可以创建或启动序列、流程图、状态机，访问向导，管理变量，检查第三方应用程序的用户界面元素，等等。"设计"界面可分为五大区域，如图3-40所示。

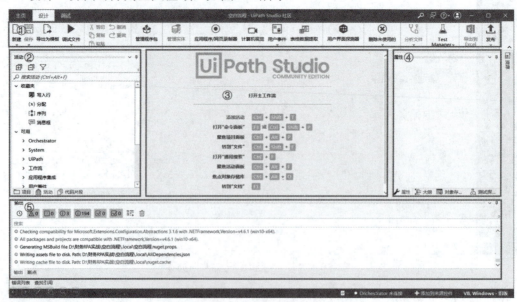

图3-40 "设计"界面

1. 功能区

功能区有丰富的功能，功能区按钮如图3-41所示。

图3-41　功能区按钮

各按钮的功能如下。

(1) 新建：创建新的序列、流程图、状态机、工作流等。

(2) 保存：保存项目。

(3) 导出为：导出为模板或库。

(4) 调试文件：直接运行项目或在调试模式下运行项目。

(5) 剪切、复制等：剪切、复制和粘贴活动或工作流。

(6) 管理程序包：安装和管理活动程序包、管理依赖项规则，以及添加自定义活动订阅源。

(7) 管理实体：管理项目的实体。若所连接的租户未启用Data Service，则连接其他租户或请求管理员启用该服务以导入实体。

(8) 测试管理器：在Test Manager中链接、取消链接或打开测试用例。

(9) 应用程序/网页录制器：使用新的用户界面自动化方法，这是一种基于锚点的多技术元素识别系统，它将生成新式活动。

(10) 计算机视觉：适用于自动生成使用"计算机视觉"活动的工作流。

(11) 用户事件：在触发特定用户事件时执行活动，包含当单击元素时、当键入元素时和应用程序事件。

(12) 表格数据提取：用于将浏览器、应用程序或文档中的结构化数据提取至数据表中。

(13) 用户界面探测器：用户界面探测器是一个高级工具，可以为特定用户界面元素创建一个自定义选取器。

(14) 删除未使用的：删除未使用的组件，如变量、参数、活动、导入、屏幕截图等。

(15) 分析文件：检查文件中的验证错误和工作流分析器违规情况。

① 分析项目：检查项目中的验证错误和工作流分析器违规情况。

② 验证文件：仅检查文件中的验证错误。

③ 验证项目：仅检查项目中的验证错误。

④ 工作流分析器设置：配置工作流分析器规则。

(16) 导出到Excel：在Excel文件中导出工作流。

(17) 发布：打包自动化流程或库，添加发行说明，管理版本并将程序包发布到Orchestrator或自定义订阅源。

2. "项目""活动"和"代码片段"面板

(1) "项目"面板。"项目"面板用于管理项目文件和依赖项，以及配置项目设置，如图3-42所示。

文件资源管理器中的文件可以直接复制并粘贴到"项目"面板。还可使用拖放功能对一个或多个文件执行相同操作，包括.xaml工作流等。可以双击小于10 MB的TXT、CS、VB、JSON(不包括project.json文件)和XML文件，在UiPath Studio中使用文本编辑器进行编辑，并突出显示语法。

(2)"活动"面板。"活动"面板用于查看所有可用活动并将活动添加到自动化中，如图3-43所示。面板顶部的搜索框用于按名称或说明搜索活动，导航键用于浏览这些活动，按Enter键可将所选活动添加到当前打开的文件。将鼠标指针悬停在面板中的活动上会显示该活动所属的包及其描述。若要将活动添加到收藏夹列表，则可以右击并选择"添加至收藏夹"。若要查看活动帮助，则可以右击并选择"帮助"。

图3-42 "项目"面板

图3-43 "活动"面板

(3)"代码片段"面板。在"代码片段"面板中可以使用预先构建的工作流并添加自己的可重复使用的自动化流程，如图3-44所示。默认情况下，它包括多个示例和代码片段，可轻松地重复使用自动化。若要添加自己的示例和代码段，则可以单击"添加文件夹"，从硬盘驱动器中选择一个目录。

图3-44 "代码片段"面板

3. "设计器"面板

"设计器"面板用于显示当前的自动化项目，如图3-45所示。在"设计器"面板中可对该项目进行更改，通过管理添加到当前工作流文件中的活动来构建自动化，还可快速访问变量、参数和导入项。

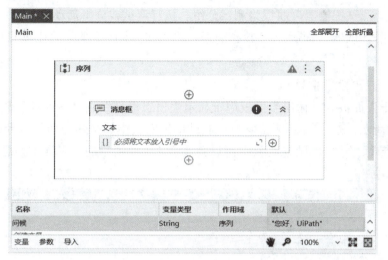

图3-45 "设计器"面板

如果活动出现验证错误，则"设计器"面板中活动标题栏的右侧会显示一个错误图标❶，同时该活动的所有父级活动中也会显示一个警告图标⚠。单击图标即可打开受问题影响活动的"属性"面板，错误消息将在"属性"面板的顶部显示。

4."属性""大纲""对象存储库""测试探测器"和"数据管理器"面板

(1)"属性"面板。"属性"面板包含上下文，用于查看和更改所选活动的属性，如图3-46所示。若要在同一个工作流中选择两个活动，则可以在"属性"面板中修改公共属性。

(2)"大纲"面板。"大纲"面板用于显示项目层次结构及所有可用节点，如图3-47所示。用户可以在"设计器"面板中选择活动来高亮显示该面板中的活动，也可在"大纲"面板中选择特定的活动来切换到该活动。

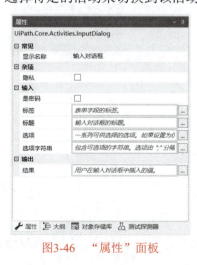

图3-46 "属性"面板

图3-47 "大纲"面板

(3)"对象存储库"面板。"对象存储库"面板通过将用户界面元素捕获为类似DOM的存储库中的对象(可跨项目共享)来确保用户界面元素的管理、可重用性和可靠性。它允许在自动化项目内部和项目之间创建和重用用户界面分类。

(4)"测试探测器"面板。"测试探测器"面板用于显示、测试与自动化相关的信息。用户可以使用"测试探测器"面板将测试分组、执行调试或分析活动覆盖率。

(5)"数据管理器"面板。"数据管理器"面板用于管理自动化项目中各种类型的数据。

5. "输出""断点"面板

(1)"输出"面板。"输出"面板用于显示"日志消息"或"写入行"活动的输出等内容,如图3-48所示。在"输出"面板中,通过单击面板中的按钮,可以显示或隐藏具有不同日志级别(错误、警告)的消息。双击消息会显示关于此消息的更多详细信息,并包含用于复制信息的选项。

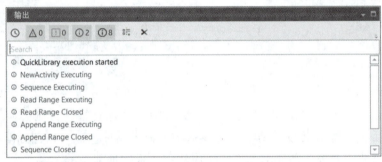

图3-48 "输出"面板

(2)"断点"面板。"断点"面板用于显示当前项目中的所有断点及其所属的文件,如图3-49所示。"活动名称"列显示切换过断点的活动。"文件路径"列显示文件及其位置。"条件"列显示为断点设置的条件。"日志消息"列显示满足条件时要记录的消息。将鼠标指针悬停在活动的断点标签上方即可查看断点条件和日志消息。

图3-49 "断点"面板

三、"调试"界面

"调试"界面用于调试工作流,用户可以使用调试工具设置断点,逐步监视活动的执行,并调整调试速度。

用户可以使用若干选项来执行调试,功能区和调试操作页面分别对这些选项进行了定义。"调试"界面的功能区按钮如图3-50所示。

图3-50 "调试"界面的功能区按钮

各按钮的功能如下。

(1) 调试文件:启动调试过程。在调试过程中,按钮会变成"中断"。"中断"允许在任何给定时刻暂停调试过程。暂停时,正在调试的活动仍然会高亮显示。一旦发生这种情况,可以选择"继续""进入""跳过"或"停止"调试流程。建议将"中断"和"慢步骤"一起使用,这样就可以准确地知道何时需要暂停调试。在这种情况下,"慢步骤"的替代方法是监视"输出"面板,并对当前正在调试的活动使用"中断"。

(2) 停止:停止调试过程。

(3) 进入、跳过和跳出。

① 进入:逐步调试活动。使用"进入"操作,一次调试一个活动。触发此操作后,调试器会打开活动,并在执行该活动前对其进行高亮显示。在对"调用工作流文件"活动使用"进入"操作时,系统会在新选项卡中以"只读"模式打开工作流,并逐个执行每个活动。使用快捷键F11即可执行"进入"操作。

② 跳过:调试下一个活动而不打开它。"跳过"操作不会打开当前容器。在使用时,该操作会调试下一个活动,高亮显示容器(如流程图、序列或"调用工作流文件"活动)而不打开它们。此操作对于跳过大型容器的分析非常方便,因为大型容器在执行过程中不太可能触发任何问题。使用快捷键F10即可执行"跳过"操作。

③ 跳出:在当前容器上暂停执行,使用嵌套序列。此操作用于在当前容器级别退出并暂停执行。"跳出"操作会先结束执行当前容器中的活动,然后暂停调试。此选项非常适用于嵌套序列。使用快捷键Shift+F11即可执行"退出"操作。

(4) 重试、忽略、重新启动和焦点。

① 重试:重新执行之前的活动。"重试"操作会重新执行上一个活动,并在再次遇到异常时引发该异常。系统会高亮显示引发异常的活动,并在"局部"和"调用堆栈"面板中显示错误详情。

② 忽略:忽略异常并从下一个活动开始执行,然后调试工作流。"忽略"操作可用于忽略遇到的异常,继续执行下一个活动,以便完成剩余工作流的调试。当要跳过引发异常的活动并继续调试项目的剩余部分时,此操作将非常有用。

③ 重新启动:从项目的第一个活动重新开始调试。在引发异常并暂停调试流程后,可执行"重新启动"操作。此操作用于从项目的第一个活动开始重启调试流程。请注意,如果在使用"从此活动运行"操作后使用此操作,系统便会从先前指定的活动重启调试。

④ 焦点:返回导致错误的活动并继续调试。一般在浏览流程后执行"焦点"操作,它是返回造成错误的活动并恢复调试过程的简便方式。当调试因为到达断点而暂停时,也可在浏览自动化流程中包含的活动后执行"焦点"操作来返回所述的断点。此处,当调试在使用了"进入"或"跳过"后暂停,并且浏览了整个流程时,"焦点"可返回造成调试过程暂停的活动。在"断点"上下文菜单中,可以选择"聚焦"以高亮显示具有断点的

活动。

(5) 断点：暂停调试，活动保持高亮显示，选择"继续"重新开始调试。

(6) 慢步骤：以较慢的速度调试。"慢步骤"用于在调试过程中更仔细地查看所有活动。激活此操作后，调试过程中将高亮显示各项活动。此外，流程图、序列或"调用工作流文件"活动等容器也会打开。这与使用"进入"相似，但不必暂停调试过程。可以在调试过程之前或调试过程期间激活"慢步骤"。激活该操作不会暂停调试。虽然被称为"慢步骤"，但该操作有4种不同的速度。所选速度是指流程调试时流程运行步骤的快慢。例如，以"慢步骤"1倍速度调试时运行速度最慢，以4倍速度调试时运行速度最快。每次单击"慢步骤"按钮，速度都会按一个步长更改，图标也会相应地变化。

(7) 执行历史记录：默认情况下，"执行历史记录"按钮处于禁用状态。启用后，其将显示调试时的确切执行路径。执行该流程时，每项活动都会在"设计器"面板中突出显示并标记，以显示执行情况：已执行的活动以绿色标记并突出显示；未执行的活动不会以任何方式标记；抛出异常的活动以红色标记并突出显示。

(8) 高亮显示元素：如果启用，则在调试期间高亮显示用户界面元素。该选项可用于常规调试和逐步调试。

(9) 日志活动：如果启用，调试的活动将在"输出"面板中显示为跟踪日志。请注意，"高亮显示元素"和"日志活动"选项仅支持在调试之前切换，其状态在重新打开自动化项目时仍保持不变。此情况不适用于调用的工作流，除非在"设计器"面板中打开这些文件。

(10) 继续处理意外：此调试功能默认禁用。在功能区中禁用时，它将抛出执行错误并停止调试，同时突出显示抛出异常的活动，并将异常记录在"输出"面板中。如果之前在项目中设置了全局异常处理程序，则其会将异常传递给该处理程序。

(11) 画中画：用于在计算机上的单独会话中执行和调试流程或库。如果启用，无论何时选择"运行"（或"运行文件"）、"调试"（或"调试文件"），流程都会在单独的会话或用户会话的虚拟桌面中启动。如果禁用"画中画"功能，则调试和执行流程将在当前会话中进行。

(12) 远程调试：启用此功能后，所有运行和调试操作都将在指定的远程机器人上执行，而不是在本地安装的机器人上执行，从而能够在不同的环境中测试自动化。

(13) 配置文件执行：调试文件时，可以识别工作流中的性能瓶颈。

(14) 打开日志：单击"打开日志"将打开本地存储日志的 %localappdata%\UiPath\Logs 文件夹。日志文件的命名格式为 YYYY-DD-MM_Component.log（如2022-09-12_Execution.log 或 2022-09-12_Studio.log）。

第三节　开发第一个机器人

尝试开发一个自动化流程，具体步骤如下。

(1) 在"主页"界面中，进入"开始"选项卡，在新建项目中选择"流程"，如图3-51所示。

图3-51 新建流程

(2) 在"新建空白流程"对话框中填写信息，如图3-52所示。
- 名称：必填项，输入尽可能贴近项目的流程名称。此处填入"第一个机器人"。
- 位置：必填项，默认路径为计算机"文档"下的"UiPath"文件夹，可单击右侧的文件夹图标修改路径。
- 说明：选填项，用于简述本流程的主要功能。
- 兼容性：选择与执行环境的操作系统兼容的框架。
- 语言：选择流程所使用的开发语言，默认为VB。本书使用VB语言。
- 填写完成后，单击"创建"按钮。

图3-52 填写流程信息

(3) 创建流程的画面如图3-53所示。初次使用时由于要下载、恢复依赖项，需要较长时间，因此需耐心等待。

图3-53　创建过程

(4)　进入"设计"界面,如图3-54所示。首次进入会有引导学习教程,按步骤学习即可对UiPath Studio有基本的认识。

图3-54　"设计"界面

(5)　单击选择左边的"活动"面板,如图3-55所示。在搜索框中输入"消息框",选择"消息框"活动,双击即可将其添加到中间的画布中,也可单击后拖动到相应位置。

(6)　此时"消息框"活动的右上角有一个叹号标志,表示当前活动有错误。将鼠标指针悬停在该标志上即可看到错误提示,如图3-56所示。

(7)　在"消息框"活动的"文本"处输入"我的第一个机器人",注意引号应为英文输入法下的引号,也可在"属性"面板中执行"输入"→"文本"命令后输入,如图3-57所示。

图3-55 搜索并添加"消息框"活动

图3-56 错误提示

图3-57 设置"消息框"活动的属性

(8) 单击"调试文件"按钮,执行该流程,如图3-58所示。

图3-58 调试文件

(9) 流程执行后会弹出消息框,如图3-59所示。单击"确定"按钮,程序运行结束。

图3-59 消息框

(10) 流程自动化构建完成后，单击"发布"按钮进行发布，如图3-60所示。

图3-60　发布

(11) 系统弹出"发布流程"对话框。在"包属性"选项卡(见图3-61)中，用户可以修改包名称、版本号等，此处使用默认设置，单击"下一步"按钮。打开"发布选项"选项卡，如图3-62所示。在"发布选项"选项卡中，用户可以选择发布至自己的个人工作区中，并且仅对自己可见，此处继续使用默认设置，单击"下一步"按钮。打开"证书签名"选项卡，单击"发布"按钮，如图3-63所示。

图3-61　包属性

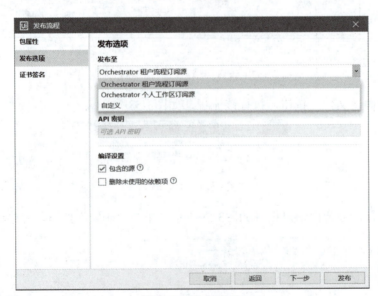

图3-62　发布选项

图3-63 证书签名

(12) 发布成功，系统弹出如图3-64所示的信息框。该自动化项目被发布到UiPath Assistant默认包位置。

图3-64 发布成功

(13) 打开UiPath Assistant，会看到发布的项目，并显示为"等待安装"状态，如图3-65所示。

图3-65 待安装机器人

(14) 将鼠标指针悬停在该流程上，单击右侧的"更多操作"按钮，在弹出的菜单中选择"安装"选项，如图3-66所示。

(15) 安装后流程的状态更新为"从未运行"，单击右侧的"运行"按钮，如图3-67所示。

图3-66　安装机器人　　　　　　　　图3-67　运行机器人

(16) 自动化流程被执行，效果如图3-68所示。

图3-68　运行效果

第四节 基本语法

一、数据类型

数据类型是编程和RPA自动化中的一个基本概念，它定义了变量、常量、参数或函数返回值的类型、范围和可能的操作。简而言之，数据类型可以"告诉"计算机如何解释存储在内存中的特定数据。了解和正确使用数据类型不仅可以确保数据的准确性和完整性，还可以优化性能，简化开发过程，避免潜在的错误和问题发生。数据类型如表3-4所示。

表3-4 数据类型

数据类型	含义	示例
Int32	整数类型，用于表示整数值。范围为-2,147,483,648到2,147,483,647	25 10
Double	双精度浮点类型，用于表示带小数点的数字。范围约为±5.0×10^-324到±1.7×10^308，可以精确到15或16位十进制数	68.5 10.00
Boolean	布尔类型，用于表示真或假的条件。此类型只有两个可能的值：True和False	True False
String	字符串类型，用于表示文本或字符序列，如员工姓名、用户名或任何其他字符串	"John Doe" "RPA"
DateTime	时间类型，用于表示日期和(或)时间。范围为0001年1月1日～9999年12月31日	"1995-05-15"
Array of [T]	数组类型，用于存储一个类型的多个值，具有固定长度	{1,3,5,7,9} {"苹果","香蕉","柚子"}
List	列表类型，用于存储一个类型的多个值，长度可变	略
DataTable	数据表类型，是一种内存中的数据表示形式，可充当数据库或包含行和列的简单电子表格。可用于将特定数据从一个数据库迁移到另一个数据库，从网站提取信息并将其以本地方式存储在电子表格，还可用于其他用途	略
Object	对象类型，用于存储图形、OLE对象或其他对象	略
Generic	泛型，用于存储任何类型的数据，包括文本、数字、日期和数组，是UiPath Studio特有的一种数据类型	略

在UiPath Studio中，数据类型转换是常见的操作，尤其是在处理不同来源的数据时。表3-5中总结了一些常用的数据类型转换方法及其用例。

表 3-5 数据类型转换方法及其用例

实现功能	转换方法	举例
将表达式转换为Int32	CInt(expression)	CInt("42")返回42
	Convert.ToInt32(expression)	Convert.ToInt32("42")返回42

(续表)

实现功能	转换方法	举例
将表达式转换为Double	CDbl(expression) Convert.ToDouble(expression)	CDbl("42.42")返回42.42 Convert.ToDouble("42.42")返回42.42
将表达式转换为String	CStr(expression) Convert.ToString(expression)	CStr(42) 返回"42" Convert.ToString(42)返回"42"
将表达式转换为Boolean	CBool(expression) Convert.ToBoolean(expression)	CBool(1) 返回True Convert.ToBoolean(1) 返回True
将表达式转换为DateTime	CDate(expression) Convert.ToDateTime(expression)	CDate("2021-12-31") 返回2021年12月31日 Convert.ToDateTime("2021-12-31")返回 2021年12月31日

> **◆ 注意：**
>
> 类型转换可能会失败(如尝试将非数字字符串转换为整数)，因此最好是在执行转换操作之前进行合适的错误检查。

【例3-1】新建流程，命名为"RPA基本语法"；新建序列，命名为"数据类型"。添加活动"消息框"，消息显示为"《RPA财务机器人开发与应用》"，标题为"课程名称"。运行该文件，弹出消息。

(1) 新建流程，输入名称"RPA基本语法"，单击"创建"按钮；新建序列，输入名称"数据类型"，单击"创建"按钮，如图3-69所示。

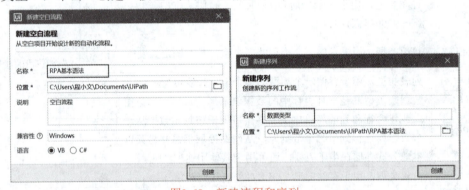

图3-69 新建流程和序列

(2) 在"活动"面板中选择"消息框"，将其拖曳至"数据类型"序列中，如图3-70所示。

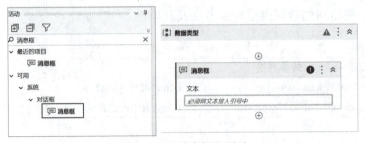

图3-70 "消息框"活动

(3)在"消息框"活动的"属性"面板中输入文本"《RPA财务机器人开发与应用》",输入标题"课程名称",如图3-71所示。

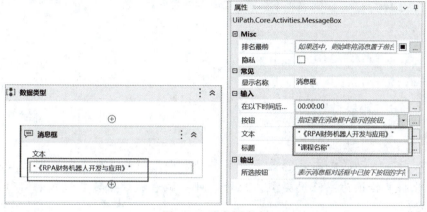

图3-71　消息框内容

(4)单击"调试文件"按钮,观察结果,如图3-72所示。

图3-72　运行结果

【例3-2】接续【例3-1】,添加活动"消息框",消息显示为"3.14",标题为"课程名称"。运行该文件,弹出消息,如图3-73所示。

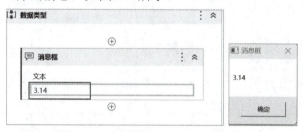

图3-73　"消息框"活动及运行结果

【例3-3】接续【例3-2】,添加活动"写入行",内容输入"3.14",运行该文件。

(1)添加活动Write Line(写入行),在文本处输入""3.14"",如图3-74所示。

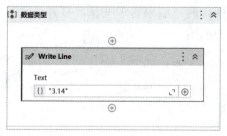

图3-74　"写入行"活动

(2) 单击"调试文件"按钮,打开"输出"面板,观察结果,如图3-75所示。

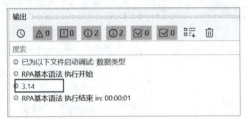

图3-75　运行结果

> ❖ **提示：**
>
> "写入行"活动的文本只能是字符串类型,而3.14是浮点类型,因此要用英文状态的双引号将其转换为字符串类型。此外,可以试着以数据转型形式来运行,结果如图3-76所示。

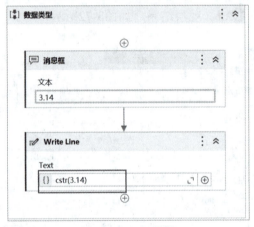

图3-76　运行结果

二、变量

变量是指在运算过程中可以被改变的量,是所有编程语言中不可缺少的部分,在RPA开发中经常用来传递数据。

1. 变量的基本属性

UiPath Studio采用了可视化的方法来管理变量,打开"变量"面板可以很直观地看到变量的4个基本属性,如图3-77所示。

名称	变量类型	作用域	默认
日期	String	Main Sequence	输入 VB 表达式
支付方式	String	Main Sequence	输入 VB 表达式

图3-77　变量的基本属性

(1) 变量名称。变量名称必须以字母或下画线开头，UiPath Studio支持中文作为变量名。在给变量命名时应取有意义的名称，以便准确描述它们在整个项目中的用法。为了提高可读性，在为变量和参数命名时还应遵循以下命名惯例。

- 蛇形命名法：如First1_Name2、first_name2。
- 大/小驼峰命名法：如FirstName、lastName。
- 帕斯卡命名法：如First1Name2、First1Name。

(2) 变量类型。变量类型确定了变量的存储方式和占用内存的大小。在"变量"面板中单击变量类型右侧的下拉箭头可以选择变量类型，如图3-78所示。除了菜单中的常用类型，其他类型可单击"Browse for Types"查找。

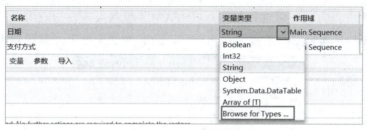

图3-78　变量类型设置

(3) 作用域。作用域是变量可用的区域，变量仅在定义了变量的容器中可见。

(4) 默认值。变量可以使用某些默认静态值进行初始化。这在单独测试工作流时非常方便，不需要来自调用工作流或其他外部源的实际输入数据。默认值可以不填，如果未设置默认值，则变量将根据其类型的默认规则分配一个值。例如，Int32的默认值为0。

2. 变量的创建方法

在UiPath Studio中，有以下两种常用的创建变量的方法。

(1) 从变量面板创建。打开"变量"面板，单击"创建变量"将新增一个变量行。输入变量名称(以此方式创建的变量的默认类型为String，其他类型需要进行修改)，选择作用域，输入默认值，即可完成创建，如图3-79所示。

图3-79　从变量面板创建变量

(2) 从活动创建。在活动主体或"属性"面板中，右击输入字段，在弹出的菜单中选择"创建变量"，如图3-80所示。也可以使用快捷键Ctrl+K，系统将显示"设置变量"提示，填写名称后，按Enter键，变量已创建并在输入框中可见。

这种方法的优点是创建的变量将根据活动自动接收相关类型。例如，如果在"读取范围"活动的保存位置字段中创建变量，则变量类型将自动设置为DataTable，其变量的作用域则为该活动所属的最小容器。

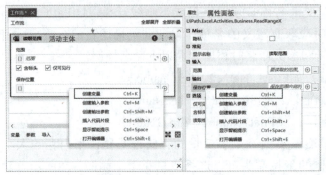

图3-80　从活动创建变量

【例3-4】用变量方式展示课程名称：《RPA财务机器人开发与应用》。

(1) 打开"RPA基本语法"流程，新建序列，命名为"变量"，如图3-81所示。

图3-81　新建序列

(2) 添加活动"分配"，在"设置值"处输入"《RPA财务机器人开发与应用》"，在"至变量"处创建变量，变量名为"课程名称"，如图3-82所示。

Name	Variable type	Scope
课程名称	String	变量

图3-82　"分配"活动

(3) 添加活动"消息框"，在"文本"处输入变量"课程名称"，如图3-83所示。

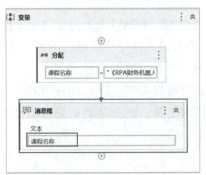

图3-83　"消息框"活动

(4) 运行该流程文件，弹出消息，如图3-84所示。

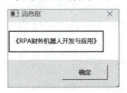

图3-84　运行结果

三、运算符

运算符是用于执行特定操作的符号或特殊字符。通过运算符，可以对一个或多个变量或值进行操作，生成新的值。在UiPath Studio中，理解和正确使用运算符是至关重要的，因为它们是程序逻辑的关键组成部分。表3-6中列出了UiPath Studio中比较常用的运算符。掌握此表中的内容有助于理解各种运算符在实际操作中的用途和功能。

表 3-6　运算符

运算符类型	运算符	描述	举例
算术运算符	+	加	a = 5 + 3
	−	减	a = 8 − 3
	*	乘	a = 4 * 2
	/	除	a = 8 / 4
	mod	取模(余数)	a = 10 mod 3
关系运算符	=	等于	a = (5 = 5)
	<>	不等于	a = (5 <> 3)
	<	小于	a = (3 < 5)
	>	大于	a = (5 > 3)
	<=	小于等于	a = (3 <= 5)
	>=	大于等于	a = (5 >= 3)
逻辑运算符	and	逻辑与	a = True and False
	or	逻辑或	a = True or False
	not	逻辑非	a = not True
赋值运算符	=	赋值	a = 5

【例3-5】利用UiPath Studio开发奇偶数判断的流程。

(1) 新建流程图，命名为"奇偶数判断"，如图3-85所示。

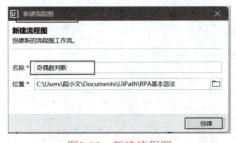

图3-85　新建流程图

(2) 添加活动"分配",在"设置值"处输入15,在"至变量"处创建变量,将其命名为"数字",如图3-86所示。

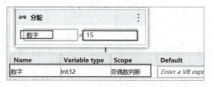

图3-86 "分配"活动

❖ 提示:

变量"数字"的数据类型应更改为Int32。

(3) 添加活动"流程失策",输入条件"数字mod 2=0",如图3-87所示。

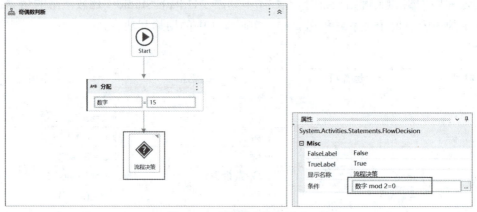

图3-87 "流程决策"活动

(4) 在活动"流程决策"的True一边,添加"消息框"活动,输入文本"该数为偶数",在False一边,也添加"消息框"活动,输入文本"该数为奇数",如图3-88所示。

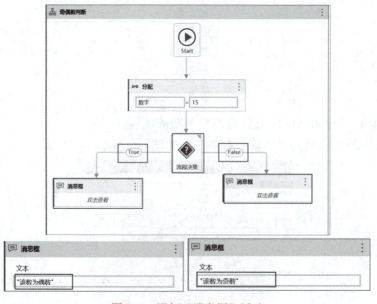

图3-88 添加"消息框"活动

(5) 运行文件，观察结果，如图3-89所示。

图3-89　运行结果

(6) 将数字赋值为16，运行文件，观察结果，如图3-90所示。

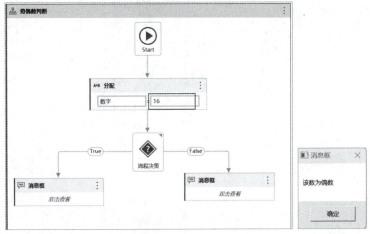

图3-90　开发流程及运行结果

【例3-6】利用UiPath Studio的序列及"条件判断"活动开发奇偶数判断的流程，开发流程如图3-91所示。

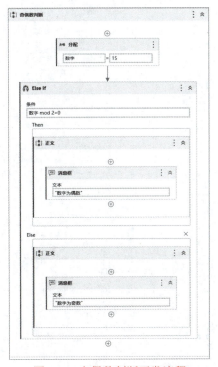

图3-91　奇偶数判断开发流程

❖ 本章小结

本章主要介绍了UiPath Studio的安装方法和界面布局,并以"开发第一个机器人"为例介绍了UiPath Studio的使用方法,还介绍了数据类型、变量及运算符的基础知识。

❖ 思考题

利用UiPath Studio开发判断数字大小的流程,要求创建两个整数型变量比较大小,并给出提示语,通过不断调整数字的大小,观察结果。

第四章

Excel 自动化

第一节　Excel概述

Microsoft Excel(通常简称为Excel)是一款电子表格软件,由微软公司开发和发布。它是Microsoft Office的重要成员,用于创建、编辑和管理表格和工作簿。

Excel具有强大的数据组织、数学计算、统计分析和图表绘制等功能,是比较流行的电子表格处理软件之一,在企业运营、数据分析、财务管理等方面都有广泛的应用。

在RPA的众多应用场景中,Excel自动化无疑是最常见和实用的。在日常的办公场景,特别是财务工作中,经常需要进行大量、重复的数据操作,如数据录入、数据清洗、数据转移和报告生成等。这些任务虽然简单,但执行起来却耗时耗力。RPA可以模拟人工操作,自动执行Excel中需要手动执行的大多数任务,提高了工作效率和准确性。

一、Excel的基本结构

Excel是处理表格的应用程序,其基本结构如图4-1所示。

工作簿(Workbook):一个Excel文件称为工作簿,工作簿可以包含多个工作表。

工作表(Worksheet):工作簿中的每个单独的表都称为工作表。默认情况下,新的工作簿包含一个名为"Sheet1"的工作表。

行与列:工作表是由行和列组成的。行由数字标识,列由字母标识。

单元格(Cell):表中的每个小方块称为单元格。单元格通过其列号和行号(如A1、F7)来标识。

单元格地址:单元格所在的列标加行号命名,如A1、D2。

区域地址:多个单元格组成的区域地址,如E9:G11。

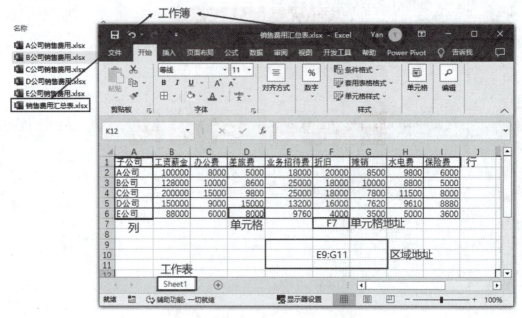

图4-1　Excel的基本结构

二、Excel常用活动

UiPath Studio提供了两大类Excel自动化活动，分别是工作簿活动和Excel活动，Excel活动又包括Excel传统活动和Excel新式活动，如图4-2所示。

图4-2　Excel自动化活动分类

1. 工作簿活动与Excel活动的比较

工作簿活动在后台执行，在不打开文件的情况下操作更快速、更可靠，而Excel活动像人类一样打开Excel，可以设置为对用户可见或在后台运行。工作簿活动在没有安装Microsoft Excel的计算机中也可以运行，而Excel活动需要安装Microsoft Excel。工作簿活动仅适用于.xlsx和.xls文件，而Excel活动适用范围更广，适用于.xlsx、.xls和.xlsm等文件。工作簿活动的功能(见图4-3)较少，只能从文件读取/写入数据，而Excel活动的功能丰富，可以从单元格、列、行或某范围中读取信息，将信息写入其他电子表格或工作簿，执行宏，甚至提取公式。此外，还可以对数据进行排序、进行颜色编码或附加其他信息。工作簿活动与Excel活动的区别如表4-1所示。

图4-3　工作簿活动的功能

表 4-1　工作簿活动与Excel活动的区别

工作簿活动	Excel活动
在"活动"面板的"系统"→"文件"→"工作簿"中	在"活动"面板的"应用程序集成"→"Excel"中
在后台执行，在不打开文件的情况下操作更快速、更可靠	像人类一样打开Excel，可以设置为用户可见或在后台运行
无须安装Microsoft Excel	需要安装Microsoft Excel
适用于.xlsx和.xls文件	与.xlsx、.xls和.xlsm搭配使用，有一些与.csv一起使用的特定活动
功能较少，只能从文件读取/写入数据	功能丰富并不断更新

2. Excel传统活动与Excel新式活动的比较

应用程序集成下的Excel活动，按照是否使用新式体验又分为Excel传统活动和Excel新式活动。

从UiPath Studio v2021.10和UiPath.Excel.Activities v2.11.0开始，UiPath Studio配置文件中提供了新式设计体验，系统默认启用新式设计体验。Excel新式活动的功能分为单元格、图表、工作簿、范围和透视表五大类，如图4-4所示。

图4-4　Excel新式活动的功能

Excel传统活动的功能简洁明了，如图4-5所示。对于跨越大量行和列的大型复杂电子表格，建议使用传统活动，因为其可提供最佳性能和一致性。

图4-5 Excel传统活动的功能

第二节 数据汇总机器人

数据汇总机器人专门用于自动收集、整合和汇总来自不同数据源或表格的信息，在多个行业和业务场景中都有广泛的应用。该机器人能够将分散在多个工作表或工作簿的数据合并到一个统一的报告或仪表板中，从而简化数据分析和决策过程。

数据汇总机器人.mp4

一、需求分析

实训任务说明如下。

财务部门每月都需要生成销售费用报告，即先从各个部门或分支机构收集销售费用数据，然后将其整合到一个汇总表中。母公司需要将A、B、C、D、E五个子公司的销售费用表中的数据汇总至"母公司销售费用汇总表"中。A公司的销售费用如图4-6所示。母公司销售费用汇总表如图4-7所示。现在请将每个子公司的数据逐笔填入"母公司销售费用汇总表"中。

第四章　Excel 自动化

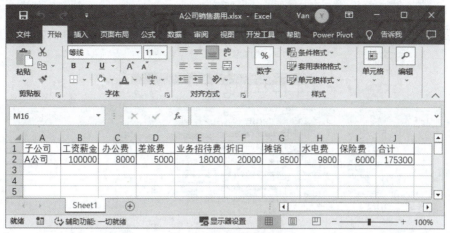

图4-6　A公司销售费用

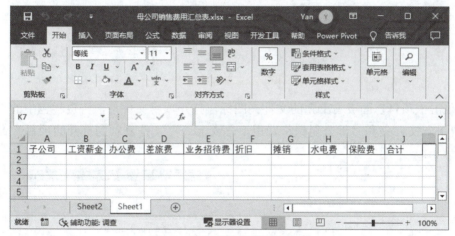

图4-7　母公司销售费用汇总表

二、使用工作簿活动开发

使用工作簿活动进行开发的步骤如下。

（1）新建流程，将其命名为"数据汇总机器人"，单击"创建"按钮，如图4-8所示。

图4-8　新建流程

(2) 单击"项目"面板右上角的漏斗形图标，在弹出的筛选选项中勾选"其他"，如图4-9所示。这样"项目"面板中就可以显示工作流、测试用例、表单和文本以外的其他类型文件。

图4-9 设置筛选选项

(3) 单击"项目"面板右上角的文件夹图标，打开项目文件夹，将资料包中的"各子公司销售费用"文件夹和"母公司销售费用汇总表.xlsx"文件复制到打开的项目文件夹，如图4-10所示。

图4-10 文件准备

(4) 在"活动"面板中搜索"消息框"活动，并将其拖曳至"设计器"面板中。在"消息框"活动主体的"文本"处输入""请选择要汇总的费用文件夹""，如图4-11所示。

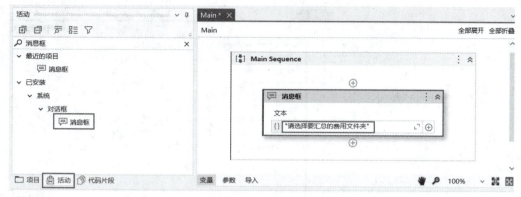

图4-11 "消息框"活动

(5) 在"活动"面板中搜索"浏览文件夹"活动,并将其拖曳至"消息框"活动下方。在"浏览文件夹"活动主体的输入框中使用快捷键Ctrl+K创建变量FileFolder,完成后打开"变量"面板可以看到变量创建成功,如图4-12所示。

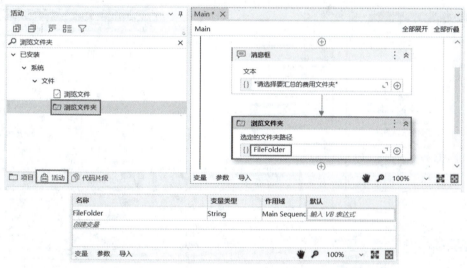

图4-12 "浏览文件夹"活动

(6) 在"活动"面板中搜索"适用于文件夹中的每个文件"活动,并将其拖曳至"浏览文件夹"活动下方。在"适用于文件夹中的每个文件"活动主体的"在文件夹中"处输入"FileFolder",如图4-13所示。

(7) 在"活动"面板中搜索"读取范围 Workbook"活动,并将其拖曳至"适用于文件夹中的每个文件"活动的执行中,如图4-14所示。设置"读取范围 Workbook"活动的属性,在"工作簿路径"处输入"CurrentFile.ToString",在"工作表名称"处输入""Sheet1"",在"范围"处保持空白表示读取范围为整张表。在"数据表"处使用快捷键Ctrl+K创建变量DT,UiPath Studio会自动识别变量类型为DataTable,勾选"添加标头"复选框。完成后打开"变量"面板可以看到变量创建成功。

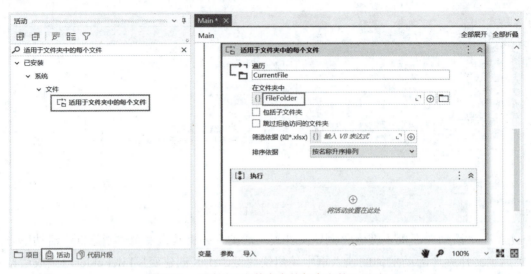

图4-13 "适用于文件夹中的每个文件"活动

图4-14 "读取范围Workbook"活动

(8) 在"活动"面板中搜索"附加范围Workbook"活动,并将其拖曳至"读取范围Workbook"活动的下方,如图4-15所示。在"附加范围 Workbook"活动主体的"工作簿路径"处,单击文件夹图标选择""母公司销售费用汇总表.xlsx"",在"工作表名称"处输入""Sheet1"",在"数据表"处输入"DT"。到这一步就已经将设计开发工作全部完成了。

(9) 接下来单击流程左上角的"调试文件"按钮进行调试。系统会弹出消息框提示选择文件夹,单击"确定"按钮后,在浏览文件夹中选择"各子公司销售费用"文件夹,单击"确定"按钮,如图4-16所示。机器人很快运行完毕,工作簿活动是在后台进行的,因此在运行的过程中Excel不会打开。在"输出"面板可查看调试结果,如图4-17所示。

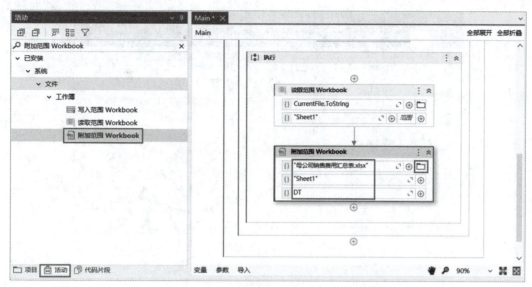

图4-15 "附加范围Workbook"活动

图4-16 选择文件夹

图4-17 调试结果

(10) 在"项目"面板中双击打开"母公司销售费用汇总表.xlsx",可查看Sheet1中的汇总结果,如图4-18所示。

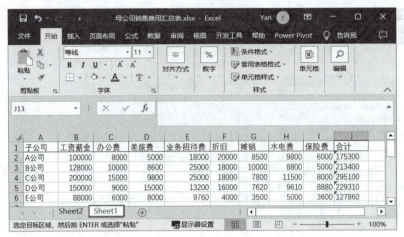

图4-18　母公司销售费用汇总表

三、使用Excel传统活动开发

为了进行对比,接下来再使用Excel传统活动制作一次。由于前半部分没有变化,因此在前例的基础上进行修改,步骤如下。

(1) 在"项目"面板的Main.xaml上右击,在弹出的菜单中选择"复制",再在空白处右击并选择"粘贴",如图4-19所示。

图4-19　复制工作流

(2) 在复制的文件"Main-复制(1).xaml"上右击,在弹出的菜单中选择"重命名",在弹出的"重命名"对话框中输入"使用Excel传统活动",再单击"确定"按钮,完成重命名,如图4-20所示。

图4-20 重命名工作流

(3) 在"项目"面板中双击"使用Excel传统活动.xaml",打开此工作流,如图4-21所示。

图4-21 打开工作流

(4) 在默认的新式体验下是没有Excel传统活动的,因此要先在活动中进行设置。单击"活动"面板右上角的漏斗形图标,在弹出的筛选选项中勾选"传统",如图4-22所示。这样就可以找到Excel传统活动了。

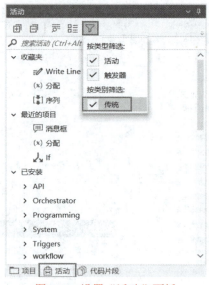

图4-22 设置"活动"面板

(5)此处需要将工作簿活动替换成Excel传统活动,在打开的"使用Excel传统活动.xaml"工作流中,选中"读取范围Workbook"和"附加范围Workbook"后右击,选择"删除"选项,如图4-23所示。

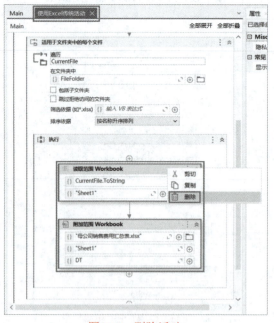

图4-23 删除活动

(6)在"活动"面板中搜索"Excel应用程序范围"活动,并将其拖曳至"适用于文件夹中的每个文件"活动的执行中。在"Excel应用程序范围"活动主体的"工作簿路径"处输入"CurrentFile.ToString",如图4-24所示。

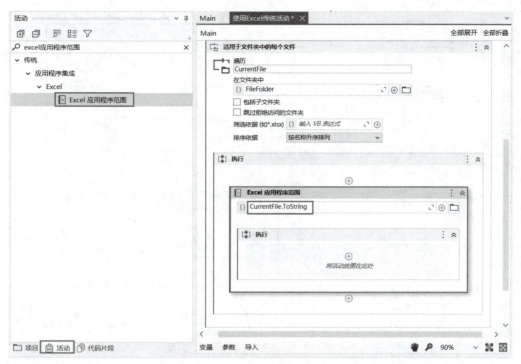

图4-24 "Excel应用程序范围"活动

(7) 在"活动"面板中搜索"读取范围"活动，将"传统"下的"读取范围"活动拖曳至"Excel应用程序范围"活动的执行中，如图4-25所示。设置"读取范围Workbook"活动的属性：在"工作表名称"处输入""Sheet1""；在"范围"处保留默认""""，表示读取范围为整张表；本工作流是通过复制生成的，变量DT已经存在，打开"变量"面板可以看到变量DT，因此在"数据表"处可直接输入"DT"；勾选"添加标头"复选框。

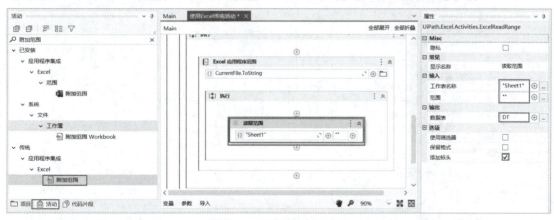

图4-25 "读取范围"活动

(8) 在"活动"面板中搜索"Excel应用程序范围"活动，并将其拖曳至前一个"Excel应用程序范围"活动的下方。在"Excel应用程序范围"活动主体的"工作簿路径"处，单击文件夹图标选择""母公司销售费用汇总表.xlsx""，如图4-26所示。

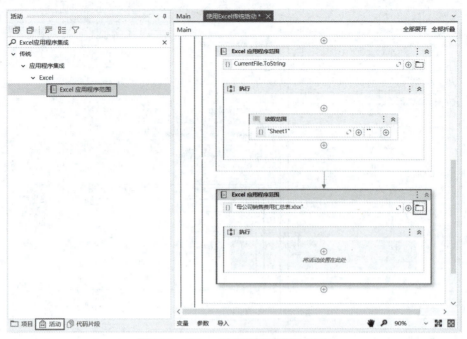

图4-26 "Excel应用程序范围"活动

(9) 在"活动"面板中搜索"附加范围"活动,将"传统"下的"附加范围"活动拖曳至"Excel应用程序范围"活动的执行中,如图4-27所示。由于前一种方法已经将数据汇总到Sheet1,为了与之相区别,在"附加范围 Workbook"活动主体的"工作表名称"处输入""Sheet2"",在"数据表"处输入"DT"。到这一步就已经将设计开发工作全部完成了。

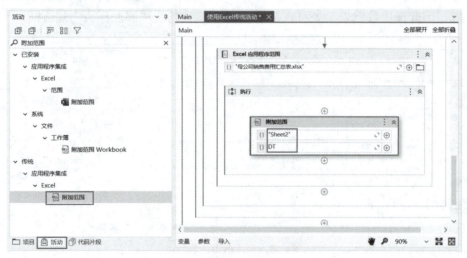

图4-27 "附加范围"活动

(10) 接下来单击流程左上角的"调试文件"按钮进行调试。机器人运行过程与前一种方法类似,在"输出"面板可查看调试结果,如图4-28所示。观察执行过程会发现,由于本案例使用的是Excel传统活动,因此运行过程中会不断打开、关闭Excel,运行速度相对前一种方法较慢,体现了工作簿活动和Excel传统活动的区别。

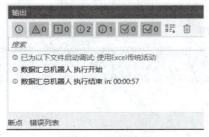

图4-28　调试结果

(11) 在"项目"面板中双击打开"母公司销售费用汇总表.xlsx",可查看Sheet2中的汇总结果,如图4-29所示。

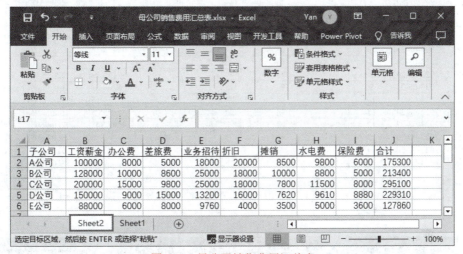

图4-29　母公司销售费用汇总表

第三节　数据筛选机器人

数据筛选是日常办公中非常常见的操作,特别是当数据量比较大时,筛选出关键数据对于决策和分析非常重要。使用UiPath Studio进行Excel数据筛选可以大大提高工作效率。

在财务工作中,银行对账是一项关键任务,用于确保公司账簿与银行记录之间的一致性。为了完成此任务,会计需要筛选与核对两者之间的交易记录。接下来进行实训,筛选公司与银行之间的不对应的交易记录。

数据筛选机器人.mp4

一、需求分析

实训任务说明如下。

在财务部门,财务人员需要将银行存款日记账和银行对账单进行核对,编制银行余额调节表来调整两者之间的未达账项。对银行存款日记账与银行对账单进行逐笔核对,即可查出银行存款日记账与银行对账单两者未同时出现的记录，即未达账项。

银行存款日记账如图4-30所示。银行对账单如图4-31所示。

	A	B	C	D	E	F
1	日期	凭证字号	摘要	借方金额	贷方金额	余额
2	2023-08-07	1	略	133.65	0	5880.84
3	2023-08-08	2	略	0	30.525	5850.315
4	2023-08-09	3	略	45000	0	50850.315
5	2023-08-19	4	略	0	669	50181.315
6	2023-08-19	5	略	0	7446	42735.315
7	2023-08-23	6	略	0	6441.015	36294.3
8	2023-08-24	7	略	0	7016.94	29277.36
9	2023-08-24	8	略	0	7191.24	22086.12
10	2023-08-24	9	略	0	7208.67	14877.45
11	2023-08-24	10	略	0	15	14862.45
12	2023-08-24	11	略	0	55.5	14806.95
13	2023-08-27	12	略	0	7698.345	7108.605
14	2023-08-30	13	略	1089	0	8197.605
15	2023-08-30	14	略	0	30.51	8167.095
16	2023-08-31	15	略	30000	0	38167.095

图4-30　银行存款日记账

	A	B	C	D	E	F	G	H
1	日期	凭证号	票据种类	票据号	摘要	借方	贷方	余额
2	2023-08-05	1			略	0	133.65	5880.84
3	2023-08-06	2			略	30.525	0	5850.315
4	2023-08-10	3			略	0	45000	50850.315
5	2023-08-17	4			略	669	0	50181.315
6	2023-08-19	5			略	7446	0	42735.315
7	2026-08-23	6			略	6441.015	0	36294.3
8	2023-08-24	7			略	8486.43	0	27807.87
9	2023-08-24	8			略	7016.94	0	20790.93
10	2023-08-25	9			略	7191.24	0	13599.69
11	2023-08-26	10			略	7208.67	0	6391.02
12	2023-08-26	11			略	15	0	6376.02
13	2023-08-28	12			略	55.5	0	6320.52
14	2023-08-30	13			略	0	1347.3	7667.82
15	2023-08-30	14			略	30.51	0	7637.31
16	2023-08-31	15			略	0	30000	37637.31

图4-31　银行对账单

二、使用Excel新式活动开发

使用Excel新式活动进行开发的步骤如下。

（1）新建流程，将其命名为"数据筛选机器人"，单击"创建"按钮，如图4-32所示。

图4-32　新建流程

（2）单击"项目"面板右上角的漏斗形图标，在弹出的筛选选项中勾选"其他"，如图4-33所示。这样"项目"面板中就可以显示工作流、测试用例、表单和文本以外的其他类型文件。

图4-33　设置筛选选项

（3）单击"项目"面板右上角的文件夹图标，打开项目文件夹，将资料包中的两个Excel文件复制到打开的项目文件夹，如图4-34所示。

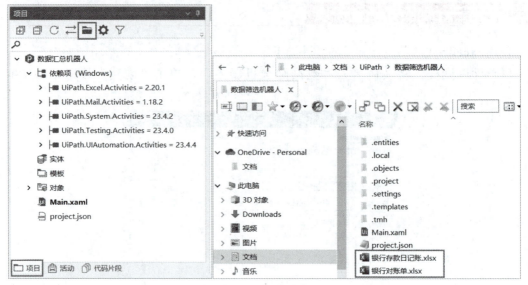

图4-34 文件准备

(4) 在"活动"面板中搜索"Excel流程作用域"活动,并将其拖曳至"设计器"面板中,如图4-35所示。属性保持默认设置即可。

图4-35 "Excel流程作用域"活动

(5) 在"活动"面板中搜索"使用Excel文件"活动,并将其拖曳至"Excel流程作用域"活动的执行中,如图4-36所示。在"使用Excel文件"活动主体的"工作簿路径"处,单击文件夹图标选择""银行存款日记账.xlsx"",在"引用为"处输入"日记账",此处的作用是为使用的""银行存款日记账.xlsx""自动生成的内置变量命名,默认是"Excel",此名称可以修改。在后续要使用这个Excel文件时,使用此变量即可。

图4-36 "使用Excel文件"活动

(6) 在"活动"面板中搜索"读取范围"活动,并将其拖曳至"使用Excel文件"活动的执行中,如图4-37所示。Excel新式活动对没有编程基础的学习者非常友好。例如,在"读取范围"活动主体的范围处,无须填写代码,可以直接在Excel中指明。步骤如下:单击"范围"右侧的加号按钮,在弹出的菜单中选择"日记账"→"在Excel中指明",如图4-38所示。此处的"日记账"是在"使用Excel文件"中起的名字,作用是指向""银行存款日记账.xlsx""文件。在弹出的Excel窗口中选中要读取的范围,再单击左上角的"确认"按钮,就能自动填入范围,如图4-39所示。在"读取范围"活动主体的"保存位置"处使用快捷键Ctrl+K创建变量"日记账记录",系统会自动识别变量类型为DataTable。打开"变量"面板,将变量"日记账记录"的作用域设置到最外层,如图4-40所示。

图4-37 "读取范围"活动

图4-38　读取范围选择

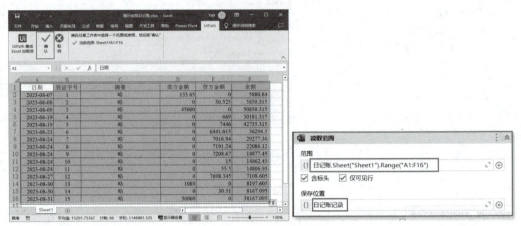

图4-39　读取范围设置

图4-40　变量设置

(7) 单击"使用Excel文件"活动右上角的向上箭头折叠活动，方便进行后续操作，如图4-41所示。

图4-41　折叠活动

(8) 在"活动"面板中搜索"使用Excel文件"活动，并将其拖曳至"使用Excel文件"活动的下方。在"使用Excel文件"活动主体的"工作簿路径"处，单击文件夹图标选择""银行对账单.xlsx""，在"引用为"处输入"对账单"，如图4-42所示。

(9) 在"活动"面板中搜索"读取范围"活动，并将其拖曳至"使用Excel文件"活动的执行中，如图4-43所示。单击"读取范围"活动主体中"范围"右侧的加号按钮，在弹出的菜单中选择"对账单"→"在Excel中指明"，如图4-44所示。在弹出的Excel窗口中选中要读取的范围，再单击左上角的"确认"按钮，就能自动填入范围，如图4-45所示。在"读取范围"活动主体的"保存位置"处使用快捷键Ctrl+K创建变量"对账单记录"，系统会自动识别变量类型为DataTable。打开"变量"面板，将变量"对账单记录"的作用域设置到最外层，如图4-46所示。单击"使用Excel文件"右上角的向上箭头折叠活动，方便进行后续操作。

图4-42 "使用Excel文件"活动

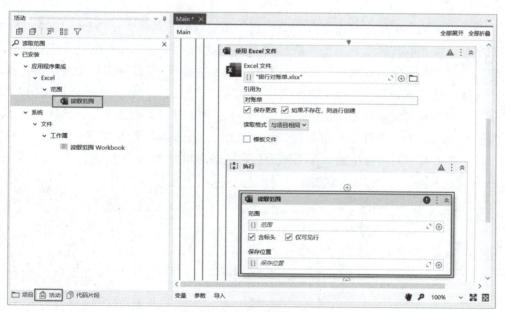

图4-43 "读取范围"活动

图4-44 读取范围选择

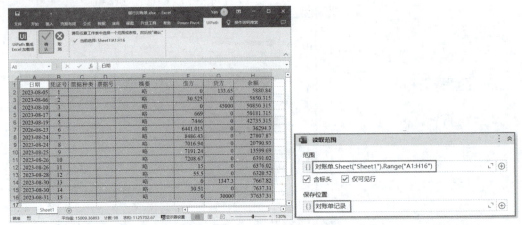

图4-45　读取范围设置

图4-46　变量设置

（10）在"活动"面板中搜索"联接数据表"活动，并将其拖曳至"Excel流程作用域"活动的下方，如图4-47所示。单击"联接数据表"活动主体的"联接向导"按钮，系统弹出"联接向导"对话框，如图4-48所示。单击"输入数据表1"右侧的加号按钮，在弹出的菜单中选择"使用变量"→"日记账记录"。用同样的方法为"输入数据表2"选择"对账单记录"。在"输出数据表"处使用快捷键Ctrl+k创建变量"关联结果"，系统会自动识别变量类型为DataTable。选择"联接类型"为"Full"，按图4-49所示内容设置联接条件，输完一行后，单击右侧的加号按钮即可增加一行，完成后单击"OK"按钮。

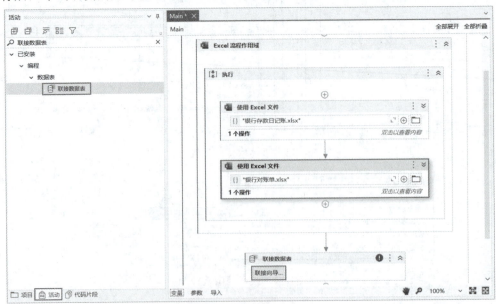

图4-47　"联接数据表"活动

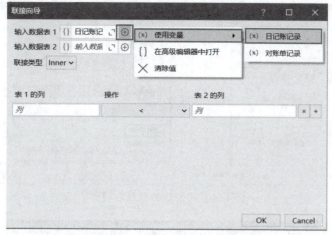

图4-48 "联接向导"对话框

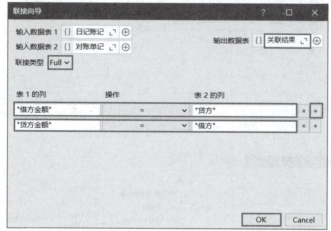

图4-49 设置联接条件

(11) 在"活动"面板中搜索"筛选数据表"活动，并将其拖曳至"联接数据表"活动的下方，如图4-50所示。单击"筛选数据表"活动主体的"配置筛选器"按钮，系统弹出"筛选器向导"对话框。单击"输入数据表"右侧的加号按钮，在弹出的菜单中选择"使用变量"→"关联结果"。在"筛选过的数据表"处使用快捷键Ctrl+k创建变量"未达账项"，系统会自动识别变量类型为DataTable。按图4-51所示内容设置"筛选行"选项卡中的内容，最后单击"OK"按钮。

(12) 在"活动"面板中搜索"Excel流程作用域"活动，并将其拖曳至"筛选数据表"活动的下方，如图4-52所示。属性保持默认设置即可。

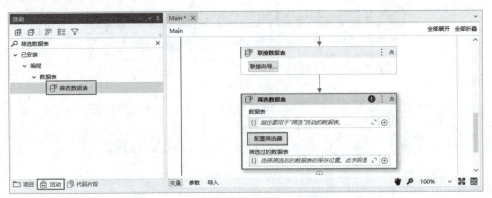

图4-50 "筛选数据表"活动

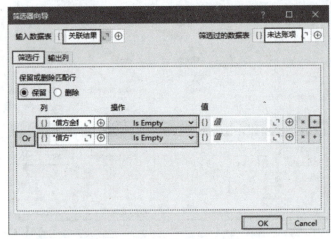

图4-51 "筛选器向导"对话框

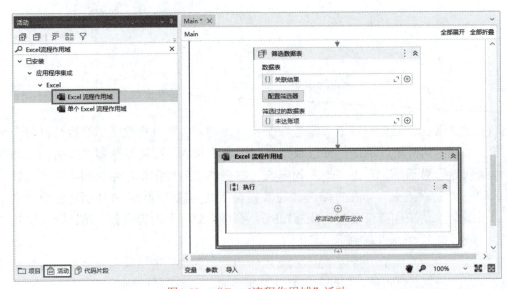

图4-52 "Excel流程作用域"活动

(13) 在"活动"面板中搜索"使用Excel文件"活动,并将其拖曳至"Excel流程作用域"活动的执行中,如图4-53所示。在"使用Excel文件"活动主体的"工作簿路径"处输入""对账结果.xlsx"",在"引用为"处输入"对账结果"。注意,需要勾选"如果不存在,则进行创建"复选框,因为对账结果.xlsx这个文件不存在,需要用这个活动来创建。

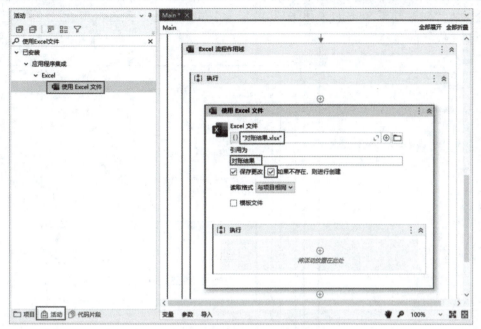

图4-53 "使用Excel文件"活动

(14) 在"活动"面板中搜索"将数据表写入Excel"活动,并将其拖曳至"使用Excel文件"活动的执行中,在活动主体的"写入内容"处输入"关联结果",在"目标"处输入"对账结果.Sheet("关联结果")",如图4-54所示。

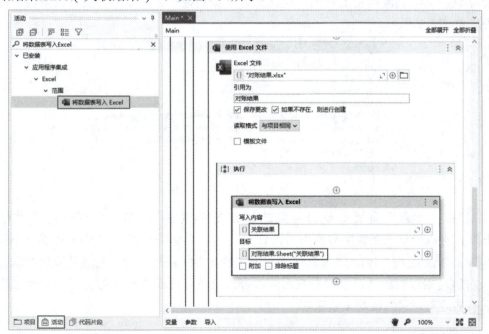

图4-54 "将数据表写入Excel"活动

(15) 在"活动"面板中搜索"将数据表写入Excel"活动,并将其拖曳至前一个"将数据表写入Excel"活动的下方,在活动主体的"写入内容"处输入"未达账项",在"目标"处输入"对账结果.Sheet("未达账项")",如图4-55所示。到这一步就已经将设计开发工作全部完成了。

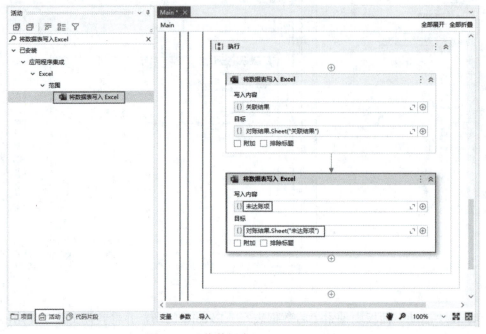

图4-55 "将数据表写入Excel"活动

(16) 接下来单击流程左上角的"调试文件"按钮进行调试,在"输出"面板可查看调试结果,如图4-56所示。

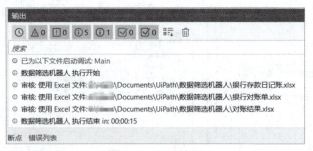

图4-56 调试结果

(17) 在"项目"面板中单击顶部的刷新按钮(见图4-57),再双击打开"对账结果.xlsx",可以看到该文件中有两个工作表,分别是"关联结果"工作表(见图4-58)和"未达账项"工作表(见图4-59)。"关联结果"工作表分为左右两部分,左边是银行存款日记账记录,右边是银行对账单记录,左右两边都有的记录就是能核对上的款项,只有左边有记录或只有右边有记录的就是未达账项。

第四章 Excel 自动化

图4-57 "项目"面板

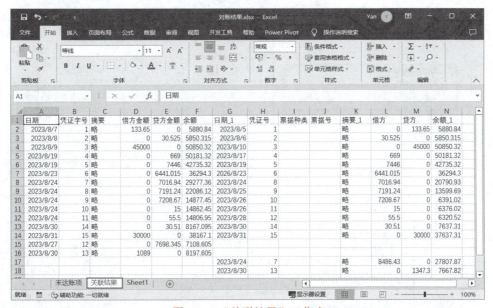

图4-58 "关联结果"工作表

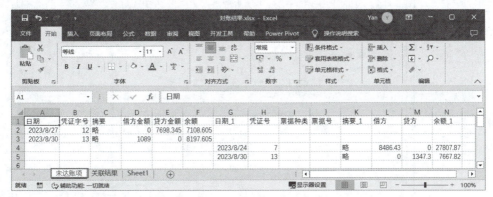

图4-59 "未达账项"工作表

111

本章小结

本章通过"数据汇总机器人"和"数据筛选机器人"两个案例学习了Excel自动化的基本操作,包括读取范围、附加范围、连接数据表、数据筛选、遍历文件等活动。工作簿活动、Excel传统活动和Excel新式活动都有各自的特点与优势,同学们可以根据需要选择适合的活动。

思考题

以相同的"读取范围"活动为例,比较工作簿活动、Excel传统活动和Excel新式活动的不同,如图4-60所示。课后大家可以更改案例中的一些属性参数(如是否添加表头),观察结果的变化,体会参数的作用。此外,案例中涉及的活动有限,若要了解更多的Excel活动可以查看官方帮助,或者利用网络搜索相关资料。

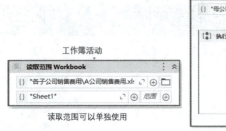

读取范围可以单独使用

读取范围只能在 Excel 应用程序范围活动
中使用,不能单独使用

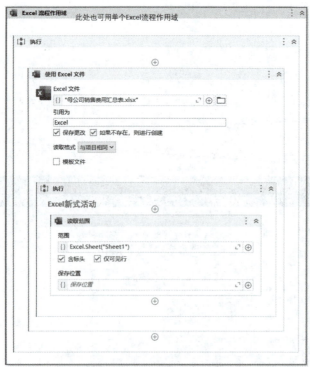

读取范围只能在 Excel 流程作用域或单个Excel流程作用域/
使用Excel文件活动中使用,不能单独使用

图4-60 三类活动对比

第五章

Web 自动化

第一节 Web概述

一、Web简介

Web自动化就是利用UiPath Studio使网站操作实现自动化。网站(website)是指在因特网上，根据一定的规则，使用HTML等工具制作的用于展示特定内容的相关网页的集合。简单地说，网站就像一款交互式的公告栏，人们可借助其发布或收集信息。HTML是一种制作万维网页面的技术，是万维网浏览器使用的一种语言，它消除了不同计算机之间信息交流的障碍。HTML文档的基本结构包括文档类型声明、html标签对、head标签对、body标签对。

人们在浏览网站时，需要通过浏览器发送请求，服务器根据请求传回相应网页的数据给浏览器，浏览器会解释并显示这些数据，从而呈现人们平时看到的网页内容。

本书应用的浏览器为谷歌浏览器(Chrome)，谷歌浏览器界面如图5-1所示。

图5-1 谷歌浏览器界面

二、Web环境准备

在UiPath Studio中，当需要使用浏览器来实现Web自动化时，需要先安装相应的浏览器扩展程序。接下来，以谷歌浏览器为例，介绍扩展程序的安装方法。

(1) 打开UiPath Studio软件，单击"工具"选项卡，即可显示所有可安装的UiPath扩展程序，此处需要安装谷歌浏览器的扩展程序，则单击"Chrome"，如图5-2所示。

图5-2　打开扩展程序界面

(2) 系统弹出"设置扩展程序"对话框，单击"确定"按钮进行安装，如图5-3所示。

图5-3　安装谷歌浏览器扩展程序

❖ 提示：

如果计算机中有打开的谷歌浏览器页面，则会提示关闭所有谷歌浏览器的页面后方可安装扩展程序，这里需要先将打开的谷歌浏览器关闭再进行操作。

(3) 安装完成后显示已成功安装，如图5-4所示。单击"确定"按钮之后需要在谷歌浏览器中打开提示的网址，启用浏览器扩展程序。接下来将在谷歌浏览器中进行操作。

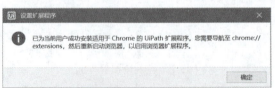

图5-4　谷歌浏览器扩展程序安装完成

(4) 进入谷歌浏览器，输入上一步提示的网址并打开扩展程序和开发者模式，如图5-5所示。这时谷歌浏览器的扩展程序就安装好了，接下来只需要重启谷歌浏览器即可进行操作。

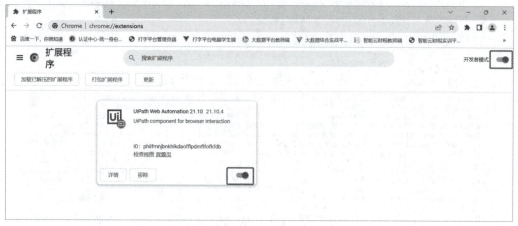

图5-5　打开扩展程序和开发者模式

Web的处理一般在浏览器和窗口中进行，同时包括键盘、鼠标和文本等操作。在UiPath Studio的"活动"面板中，"浏览器""窗口""文本"等部分的活动列表如图5-6所示。

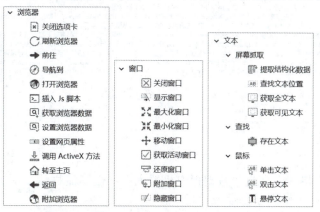

图5-6　Web处理活动列表

每个活动的具体应用将通过案例场景的开发详细阐述。

第二节　数据抓取机器人

一、需求分析

人们在浏览网页时经常需要保存一些网页上的数据。有些数据以规则的表格形式呈现，有些可能是可下载的文件，还有些可能是不规则的内容，需要手动复制和粘贴。在这种情况下，就可以使用RPA完成Web中的数据抓取。

数据抓取机器人.mp4

实训任务说明如下。

采购部门需要采购一批戴尔电脑，通过申请，领导同意采购，但是需要采购部门在京东网购平台上进行价格比对并提交价格比对表。戴尔电脑价格比对表如图5-7所示。

图5-7　戴尔电脑价格比对表

二、开发步骤

(1) 新建流程，将其命名为"数据抓取机器人"，创建流程后，单击"打开主工作流"按钮，如图5-8所示。

图5-8　新建流程

(2) 在"活动"面板中搜索"打开浏览器"活动，并将其拖曳至"设计器"面板中，如图5-9所示。在"属性"面板中的"URL"处输入""www.jd.com""，在"浏览器类型"处选择"Browser Type.Chrome",即选择已经安装好的扩展程序的谷歌浏览器。如果之前安装的是其他浏览器的扩展程序,则在这里选择相应的浏览器类型,关于浏览器类型的问题不再重复说明。

图5-9 "打开浏览器"活动

(3) 单击流程左上角的"调试文件"按钮进行调试,UiPath Studio将自动打开谷歌浏览器并进入京东网站,如图5-10所示。

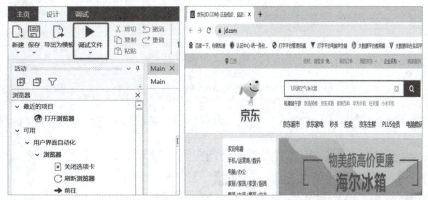

图5-10 进入京东网站

(4) 将"输入信息"活动拖曳至"打开浏览器"活动的"Do"序列中,如图5-11所示。

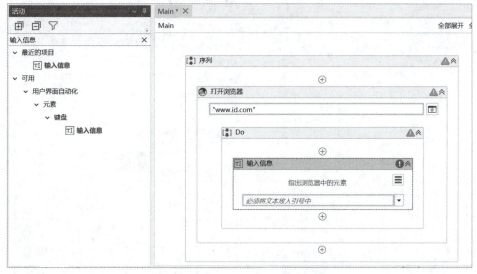

图5-11 "输入信息"活动

(5)单击"输入信息"活动中的"指出浏览器中的元素",并在京东网站的搜索框内单击,在"输入信息"活动的"文本"处输入""戴尔电脑"",如图5-12所示。

图5-12　指出浏览器中的元素

❖ **提示:**

在设置"指出浏览器中的元素"时需要确认谷歌浏览器为置顶状态方可正确获取。

(6)调试一下文件,然后将"单击"活动拖曳至"输入信息"活动的下方,再将"指出浏览器中的元素"设置为网页的搜索按钮 🔍 ,如图5-13所示。

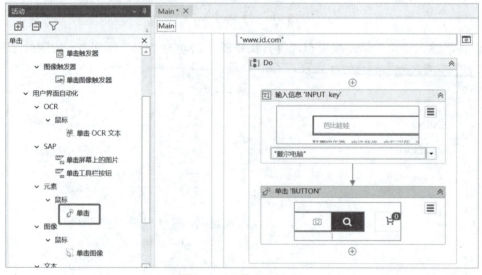

图5-13　"单击"活动

（7）单击流程左上角的"调试文件"按钮进行调试，计算机会自动打开谷歌浏览器并进入戴尔电脑的商品页面。接下来单击UiPath Studio功能区中的"数据抓取"按钮进行数据抓取操作，如图5-14所示。

图5-14　数据抓取

（8）在弹出的"提取向导"对话框中单击"下一步"按钮，然后单击网页中的第一个产品的产品名称，如图5-15所示。

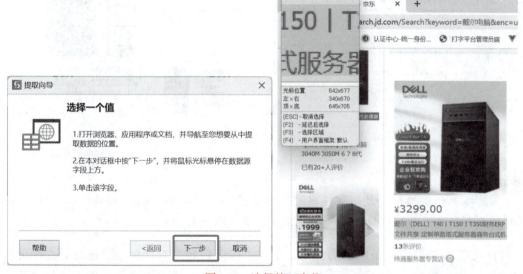

图5-15　选择第一个值

（9）继续单击"提取向导"对话框中的"下一步"按钮，选取网页中第二个产品的产品名称，并将"文本列名称"设置为"产品名称"，然后单击"下一步"按钮，如图5-16所示。

图5-16　选择第二个值

> ❖ 提示：
>
> 这里选择的第二个元素是与上一个值类似的字段，如果第一个值选的是产品名称，第二个值就选另一个产品的名称，而不是第一个产品的其他值。

（10）通过以上操作就可以将所有产品名称提取出来，在"提取向导"对话框中可以进行数据预览。接下来需要抓取产品的价格，单击"提取相关数据"按钮，选择刚才抓取的第一个产品的价格，如图5-17所示。

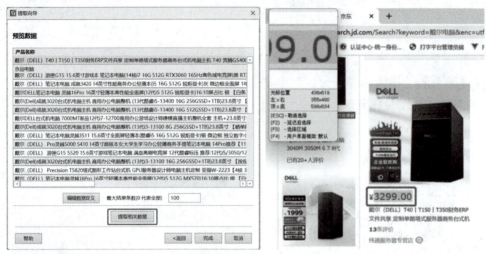

图5-17　抓取第一个产品的价格

> ❖ 提示：
>
> 这里抓取的价格一定是刚才抓取的第一个产品所对应的价格，如果抓取其他产品的价格就无法构成一个二维数据表，也就无法完成数据的抓取。

（11）接下来抓取第二个产品的价格，单击"提取向导"对话框中"选择第二个元素"中的"下一步"按钮，抓取第二个产品的价格，再将"文本列名称"设置为"价格"，然后单击"下一步"按钮，完成价格列的配置，如图5-18所示。

图5-18　抓取第二个产品的价格

（12）预览数据，发现已经提取出了两列数据，分别是产品名称和价格，单击"完成"按钮，如图5-19所示。预览数据下方的"最大结果条数100"表示最多抓取100条数据。

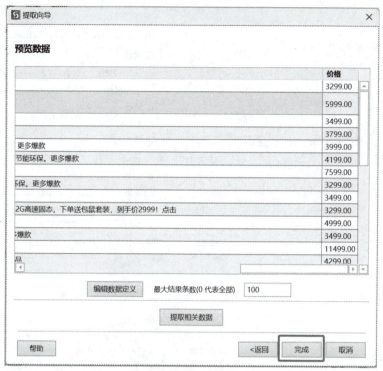

图5-19 预览数据

(13) 系统弹出是否跨页的选择,单击"否"按钮,表示不跨页,如图5-20所示。

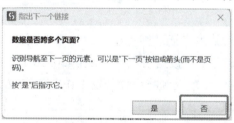

图5-20 是否跨页

> ❖ 提示:
>
>   这里为了方便操作选择不跨页,若要跨页,则先单击"是"按钮,然后再单击网页上的"下一页"按钮或箭头,注意这里不是选页码。

(14) 这时计算机会返回UiPath Studio界面,单击"数据抓取"最末级的"提取结构化数据'UL'",在"属性"面板中可以看见流程自动创建了变量ExtractDataTable,进入"变量"面板查看变量,变量类型为"DataTable",范围为"数据抓取",如图5-21所示。

(15) 将变量范围变更为"序列",如图5-22所示。

> ❖ 提示:
>
>   更改变量范围可以使变量在整个序列中都可以进行使用,开发过程中一般要根据流程的需要设置变量类型和范围等。

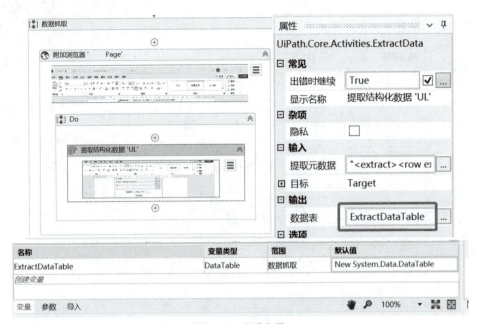

图5-21　查看变量

图5-22　更改变量范围

(16) 接下来，将"写入范围"活动拖曳至"设计器"面板，并设置"工作簿路径"为""京东数据抓取结果.xlsx""、"数据表"为"ExtractDataTable"，勾选"添加标头"复选框，如图5-23所示。到这一步就已经将设计开发工作全部完成了。

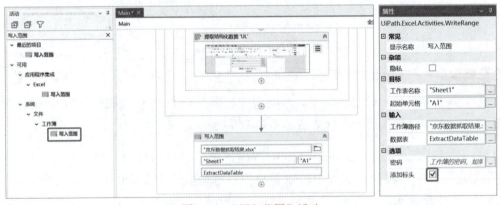

图5-23　"写入范围"活动

(17) 接下来单击流程左上角的"调试文件"按钮，进行工作流调试，调试完成后可以在"输出"面板查看调试结果，然后单击"项目"面板右上角的文件夹图标，找到"京东数据抓取结果.xlsx"所在的文件夹，打开Excel表格检查抓取结果，如图5-24所示。

第五章 Web 自动化

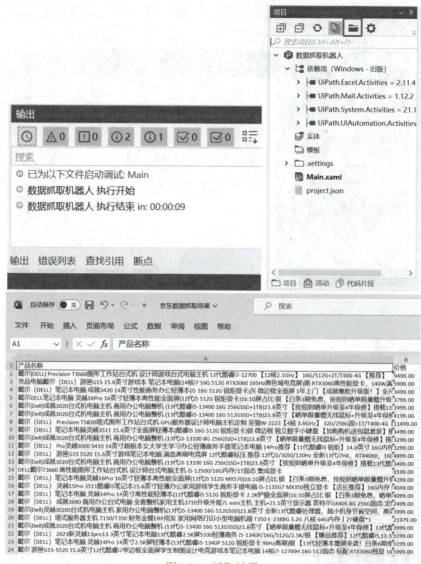

图5-24 抓取结果

第三节 数据填写机器人

一、需求分析

Web是一个交互式的发布工具，人们不仅可以从网页中获取数据，还可以在网页中填写数据。例如，在注册账号、发布消息、搜索资源时，都需要在网页上填写一些数据。

实训任务说明如下。

创建一个工作流，将数据输入屏幕的表单字段中，如图5-25所示。

数据填写机器人.mp4

123

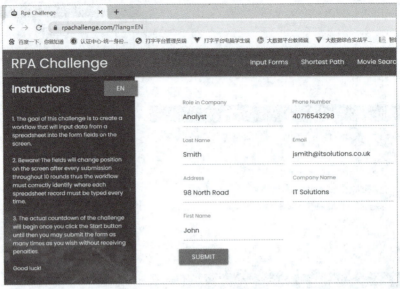

图5-25　完成数据填写

二、开发步骤

（1）下载原数据，单击"DOWNLOAD EXCEL"按钮，将数据表下载到计算机中，并将下载的Excel文件路径提前复制好，如图5-26所示。

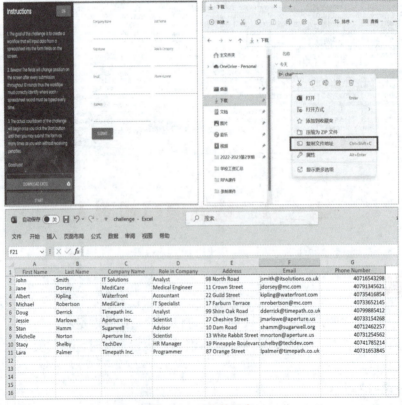

图5-26　下载数据表

(2) 新建流程，将其命名为"Web数据填写机器人"，创建流程后，单击"打开主工作流"按钮，如图5-27所示。

图5-27　新建流程

(3) 在"活动"面板中，搜索"打开浏览器"活动，并将其拖曳至"设计器"面板中。在"URL"处输入"" https://www.rpachallenge.com/?lang=EN ""，在"浏览器类型"处选择"BrowserType. Chrome"，即选择已经安装好扩展程序的谷歌浏览器，如图5-28所示。

图5-28　"打开浏览器"活动

(4) 单击流程左上角的"调试文件"按钮进行调试，UiPath Studio将自动打开谷歌浏览器并进入网站，如图5-29所示。

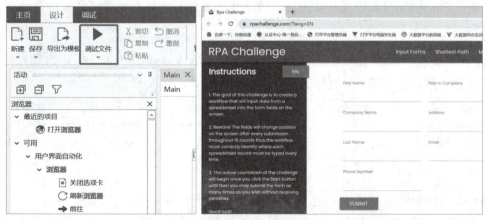

图5-29　进入网站

(5) 在"变量"面板中新增一个变量，设置名称为N、变量类型为Int32、范围为序列、默认值为2，如图5-30所示。

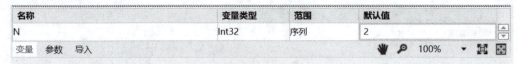

图5-30 设置变量

> **提示：**
> 在"变量"面板的范围字段中可以设置变量的可用范围(也称为变量的作用域)。每个变量的作用域应按照流程需求进行设置，范围过小在执行时可能会报错，范围过大则不便于整理。若不同范围中存在同名变量，程序执行时将会优先使用最小范围的变量。

(6) 将"后条件循环"活动拖曳至"打开浏览器"活动的"Do"序列中，并将条件设置为N<=11，如图5-31所示。

图5-31 "后条件循环"活动

> **提示：**
> 由于下载的Excel表格总行数为11，将条件设置为N<=11表示循环完第11行就不再执行循环操作。

(7) 在"变量"面板中新增一个变量，设置名称为DownloadPath、变量类型为String、范围为序列、默认值为第一步复制的Excel文件路径，如图5-32所示。

图5-32 新增变量

(8) 将"读取单元格"活动拖曳至"后条件循环"活动的"正文"序列中，在"单元格"处输入""A"+N.ToString"，在"工作簿路径"处输入上个步骤中新增的变量DownloadPath，在"结果"处创建一个变量，命名为FirstName，如图5-33所示。

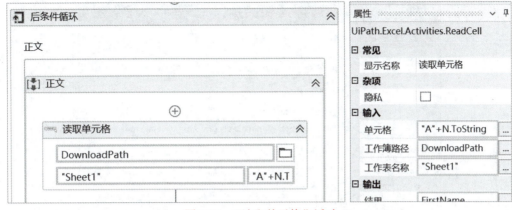

图5-33 "读取单元格"活动

> ❖ 提示：
>
> N为Int32类型的变量，默认值为2，"A"+N.ToString代表A2，"读取单元格"活动中读取的内容为A2单元格中的数据。

(9) 将"输入信息"活动拖曳至"读取单元格"活动的下方，单击"指出浏览器中的元素"，将其设置为网页的"FirstName"输入框，如图5-34所示。

图5-34 "输入信息"活动

(10) 此时，单击"输入信息"活动右上角的 ≡ 按钮，选择"编辑选取器"选项，如图5-35所示。

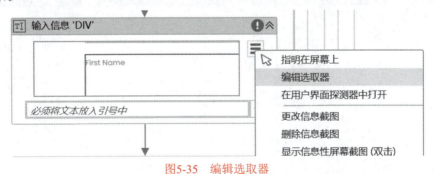

图5-35 编辑选取器

(11) 在弹出的"选取器编辑器"对话框中单击"在用户界面探测器中打开"按钮，如图5-36所示。

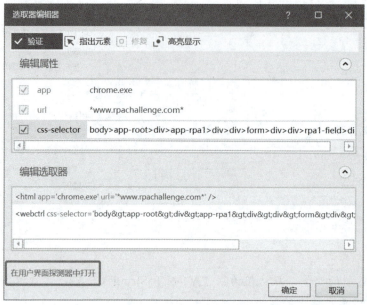

图5-36 "选取器编辑器"对话框

(12) 系统弹出"用户界面探测器"对话框,勾选右上角项目中的"innertext:First Name"复选框,然后单击左上角的"验证"按钮进行验证,"验证"按钮变成绿色说明验证成功,单击"保存"按钮,如图5-37所示。

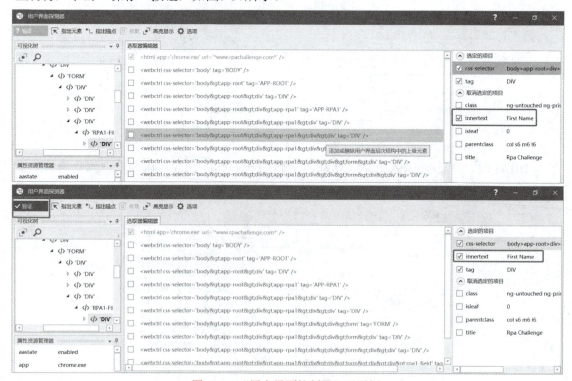

图5-37 "用户界面控制器"对话框

❖ 提示：

此操作的目的是选中具有唯一性的字段innertext，这样才能精准地定义该字段所对应的位置，避免在其他位置误操作。

(13) 在"输入信息"活动的"文本"处选择变量FirstName，在"键入前单击"处勾选"True"复选框，表示输入内容前需要先对该位置进行单击操作，对操作区进行激活，如图5-38所示。

图5-38　读取和输入FirstName

❖ 提示：

如果在"属性"面板中设置了"键入前单击"依然无法输入信息，则可以在该活动前加一个"单击"活动，进一步确保在输入信息之前进行单击。

(14) 使用同样的方法分别对LastName、CompanyName、RoleinCompany、Address、E-mail和PhoneNumber进行读取和输入，如图5-39～图5-44所示。

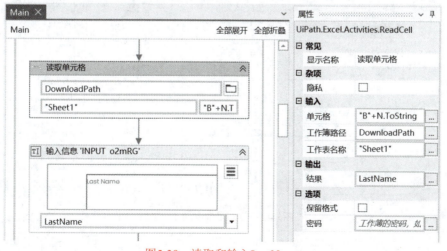

图5-39　读取和输入LastName

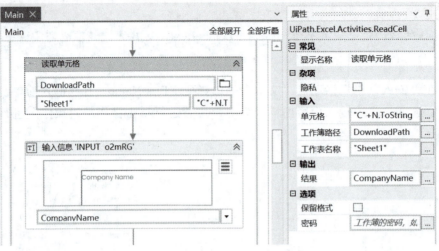

图5-40　读取和输入CompanyName

图5-41　读取和输入RoleinCompany

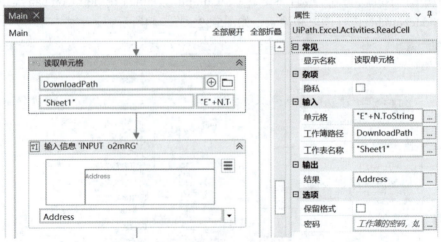

图5-42　读取和输入Address

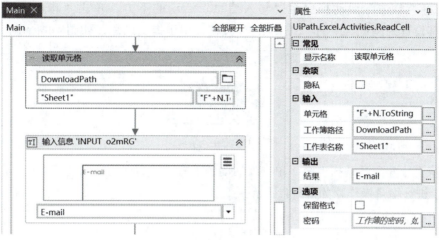

图5-43　读取和输入E-mail

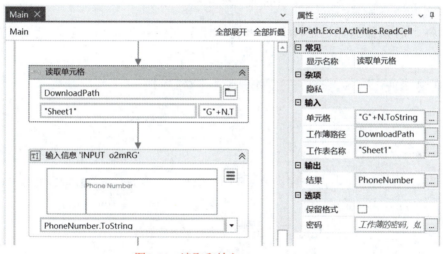

图5-44　读取和输入PhoneNumber

> **提示：**
>
> 读取和输入PhoneNumber的"输入信息"活动中，输入的文本为PhoneNumber.ToString。

（15）打开"变量"面板，将PhoneNumber的变量类型变更为Object，如图5-45所示。因为Excel表格中的电话号码不是String型，直接输入会报错，读取时需要存储为Object类型，输入时再转换为String类型。

图5-45　修改变量类型

(16) 将"单击"活动拖曳至"输入信息"活动的下方,单击"指出浏览器中的元素",将其设置为浏览器中的"SUBMIT"按钮,用于提交信息,如图5-46所示。

图5-46 "单击"活动

(17) 将"分配"活动拖曳至"单击"活动的下方,设置等号左边为变量N,等号右边为N+1,用于进行增量操作,如图5-47所示。

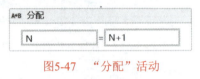

图5-47 "分配"活动

(18) 将"后条件循环"活动进行折叠,便于在循环外部增加新的活动,如图5-48所示。

图5-48 折叠"后条件循环"活动

(19) 将"消息框"活动拖曳至"后条件循环"活动的下方,在"文本"处输入""Web数据已填写完成,请查验!"",如图5-49所示。到这一步就已经将设计开发工作全部完成了。

(20) 接下来单击流程左上角的"调试文件"按钮,进行工作流调试,系统会自动填写Web内容,在将Excel表格中的内容全部填写完成后会弹出消息框,提示"Web数据已填写完成,请查验!",如图5-50所示。

图5-49 "消息框"活动

图5-50　填写完成

✖ 本章小结

本章通过"数据抓取"和"数据填写"两个案例介绍了Web自动化的相关知识。Web与Excel和Word等本地软件不同，它的内容会随着时间和网络环境的变化而更新，因此除了使用常规的活动来构建工作流之外，还需要对选取器进行编辑，从而保障Web自动化的稳定性和准确性。

✖ 思考题

开发一个招聘数据抓取机器人，业务流程需求如下。

在"前程无忧"官方网站上抓取北京地区财务会计相关岗位的薪资待遇、福利情况、公司名称和公司规模四项信息，将其存储到Excel工作簿中。

第六章

E-mail 自动化

第一节　E-mail概述

一、E-mail简介

　　E-mail即电子邮件，是一种通过互联网进行电子信息交流的方式，是互联网应用最广的服务。通过电子邮件系统，用户可以以非常低廉的价格和非常便捷的方式与世界上任何一个角落的网络用户取得联系。E-mail的存在极大地方便了人与人之间的沟通与交流，促进了社会的发展。

　　在填写E-mail时，需要提供发送邮件的地址和接收邮件的地址。E-mail在互联网上发送和接收邮件的原理可以形象地用邮寄包裹来形容：当人们要寄一个包裹时，首先要找到有这项业务的邮局，在填写完收件人姓名、地址等信息之后，包裹就被邮寄到收件人所在地的邮局，那么对方在取包裹时就必须去这个邮局才能取出。同样地，在发送电子邮件时，邮件由邮件发送服务器发出，并根据收信人的地址判断对方的邮件接收服务器并将邮件发送到该服务器上，收信人要收取邮件也只能访问这个服务器才能完成。

二、E-mail环境准备

　　本案例使用QQ邮箱的SMTP服务来实现邮件的群发功能，因此需要提前为发送邮件的账户开启SMTP服务，具体方法如下。

　　(1) 打开网址https://mail.qq.com/，登录QQ邮箱。
　　(2) 单击"设置"按钮，进入"邮箱设置"页面，打开"账号"选项卡，如图6-1所示。

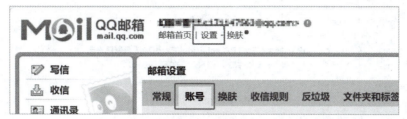

图6-1　邮箱设置

(3) 在"POP3/IMAP/SMTP/Exchange/CardDAV/CalDAV服务"页签中,单击"开启服务"按钮,如图6-2所示。

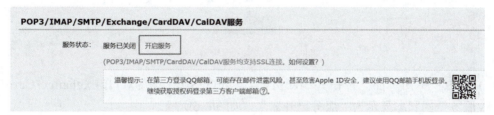

图6-2　开启SMTP服务

(4) 系统弹出"安全验证"对话框,单击"前往验证"按钮,如图6-3所示。

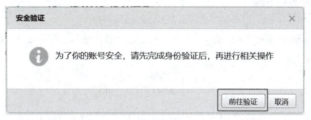

图6-3　安全验证

(5) 按照"验证密保"的要求,使用微信扫描二维码快速发送短信,或者使用密保手机号手动发送短信"配置邮件客户端"到指定的号码,短信发送完成后单击"我已发送"按钮,如图6-4所示。

图6-4　配置邮件客户端

(6) 此时,系统提示"POP3/IMAP/SMTP/Exchange/CardDAV服务已开启",并提供授权码,如图6-5所示。每次授权操作的授权码都不同,请提前记录并保存好授权码,在流程开发后期,发送邮件和接收邮件时都需要使用授权码。

图6-5 生成并保存授权码

(7) 单击"关闭页面"按钮并刷新页面,"POP3/IMAP/SMTP/Exchange/CardDAV/CalDAV服务"的状态显示为"服务已开启",如图6-6所示。

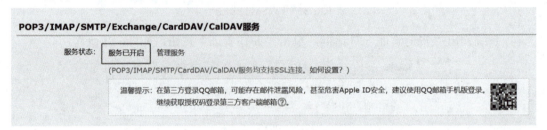

图6-6 SMTP服务状态

(8) 打开链接https://service.mail.qq.com/detail/128/427?expand=14,查看POP3与SMTP服务器的端口,如图6-7所示。后续需要将对应的信息填入"发送SMTP邮件消息"活动的属性中。

图6-7 查看POP3与SMTP服务器的端口

❖ 提示:

这里的POP3与SMTP服务器的端口是固定的,每个人使用的都一样,可以将其和授权码保存在一起,后续进行邮件相关操作时需要经常用到。

三、E-mail的相关活动

E-mail的处理在UiPath Studio的"活动"面板中进行,"应用程序集成"→"邮件"和"集成"→"Gmail和Outlook"中的部分活动列表如图6-8所示。

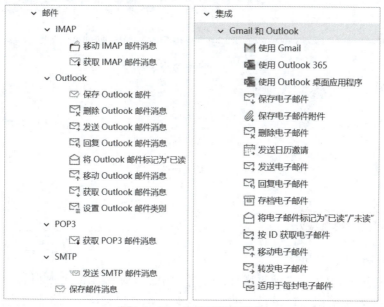

图6-8　E-mail处理活动列表

每个活动的具体应用将通过案例场景的开发详细阐述。

第二节　群发邮件机器人

在如今的互联网时代,邮件群发功能受到越来越多人的欢迎,该功能可以协助人们处理工作中的很多事项。例如,运用邮件群发功能进行公司信息发布、工资条发放、营销活动调研、活动营销策划推广、客户关怀维护等,从而有效提高了人们的工作效率。

群发邮件机器人.mp4

一、需求分析

实训任务说明如下。

人力资源部门需要将公司每名员工的年度调薪方案通过邮件的方式发送给员工。如果使用传统的手动发送邮件的方式,必定会占用大量的时间,而且人工操作时可能会出错。在这里使用UiPath Studio群发年度调薪方案,针对不同员工发送不同的主题、正文、内容和附件。图6-9是某员工收到的调薪邮件内容。

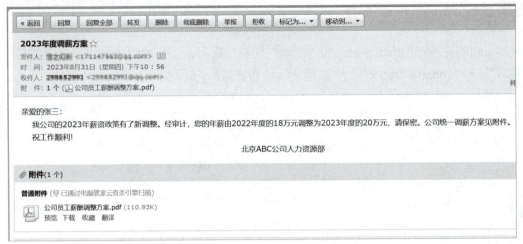

图6-9　调薪邮件内容

二、开发前准备工作

开发前的准备工作如下。

(1) 提前创建Excel文件"配置文件.xlsx",用于记录员工的个人信息与薪资信息。其中,Sheet1工作表主要用于记录员工的个人信息、薪资调整情况和邮箱地址等,该工作表的最后一列为"邮件发送结果",当邮件发送后在此列输入邮件发送结果,如图6-10所示。在实际开发过程中,需根据实际情况更新该工作表中的邮箱地址,以便验证邮件的接收情况。

图6-10　Sheet1工作表

(2) 在"配置文件.xlsx"文件的Sheet2工作表A1单元格内设置邮件HTML模板,用于存储发送邮件的文本模板,如图6-11所示。模板中{0}、{1}等为占位符,之后可以使用String.Format方法在占位符中输入指定的内容。在实际开发过程中,可以根据项目实际需要来自定义变量名称或增删占位符。

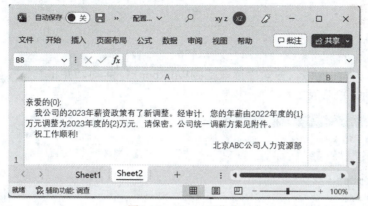

图6-11　Sheet2工作表

(3) 新建流程，将其命名为"群发邮件机器人"，创建流程后，单击"打开主工作流"按钮，如图6-12所示。

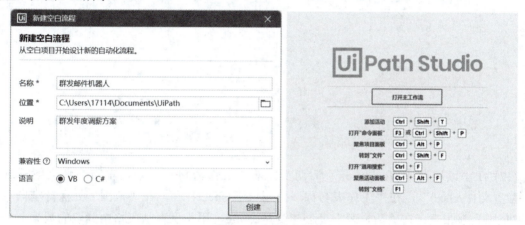

图6-12　新建流程

(4) 在"项目"面板中，单击右上角的文件夹图标，提前将"配置文件.xlsx"和"公司员工薪酬调整方案.pdf"文件存放于根目录下，如图6-13所示。

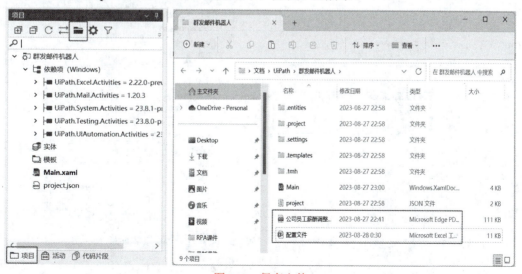

图6-13　保存文件

三、开发步骤

具体的开发步骤如下。

(1) 在"活动"面板中,搜索"读取范围Workbook"活动,并将其拖曳至"设计器"面板中,如图6-14所示。

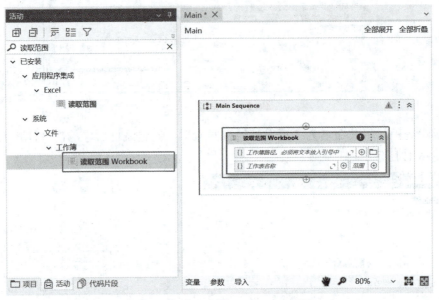

图6-14 "读取范围Workbook"活动

(2) 在"读取范围Workbook"活动主体的"工作簿路径"处,单击文件夹图标选择""配置文件.xlsx"",在"工作表名称"处输入""sheet1"",在"范围"处保持空白表示读取范围为整张表,在"数据表"处创建变量config,用于保存从表格中读取的数据,变量类型为DataTable,如图6-15所示。

图6-15 设置"读取范围Workbook"活动属性

(3) 将"读取单元格Workbook"活动拖曳至"读取范围Workbook"活动的下方，在"工作簿路径"处，单击文件夹图标选择""配置文件.xlsx""，在"工作表名称"处输入""sheet2""，在"单元格"处输入""A1""，如图6-16所示。

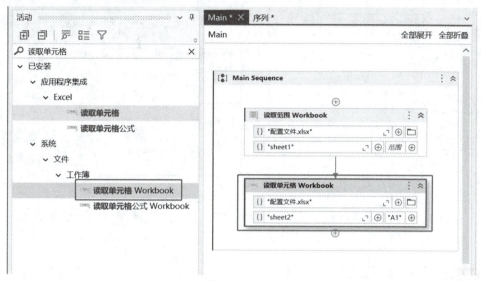

图6-16 创建活动

(4) 在"属性"面板的"结果"处创建变量MailBody，用于保存从表格中读取的单元格数据，变量类型为String，如图6-17所示。

图6-17 创建变量

(5) 在"变量"面板中，检查config变量是否生成，以及变量类型是否为DataTable，如图6-18所示。

图6-18 查看config变量

(6) 在"活动"面板中搜索"对于数据表中的每一行"活动，并将其拖曳至"读取范围Workbook"活动的下方，在"数据表"处输入"config"，如图6-19所示。

141

图6-19 "对于数据表中的每一行"活动

> ❖ **提示：**
> "项目"处的CurrentRow是"对于数据表中的每一行"活动自动生成的变量，仅在该活动中有效。在不同版本的UiPath Studio软件中该变量的名称可能不一样，如果该变量名称为Row，在后面的配置中需要将文中使用到的CurrentRow更换为Row。

(7) 在"活动"面板中搜索"多重分配"活动，并将其拖曳至"对于数据表的每一行"活动的"Body"中。在"多重分配"活动中，在等号左边使用快捷键Ctrl+K创建变量Name，用于存储收件人信息，在等号右边输入"CurrentRow("收件人").ToString"，如图6-20所示。

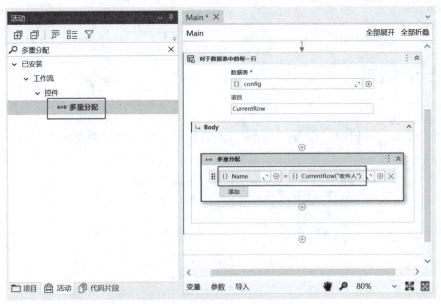

图6-20 "多重分配"活动分配收件人

❖ 提示：

"多重分配"活动中创建的变量Name，其默认类型为String，而CurrentRow()的变量类型会根据Excel表格中的数据内容生成，因此需要在后面加上".ToString"转换为String类型。

(8) 单击"多重分配"活动右侧的加号按钮添加一行，在等号左边使用快捷键Ctrl+K创建变量MailAddress，用于存储收件人邮箱信息，在等号右边输入"CurrentRow("收件人邮箱").ToString"，如图6-21所示。

图6-21 "多重分配"活动分配收件人邮箱

(9) 继续单击"多重分配"活动右侧的加号按钮添加两行，分别在等号左边使用快捷键Ctrl+K创建变量OldSalary和NewSalary，用于分别存储2022年薪资和2023年薪资，分别在等号右边输入"CurrentRow("2022年薪资").ToString"和"CurrentRow("2023年薪资").ToString"，如图6-22所示。

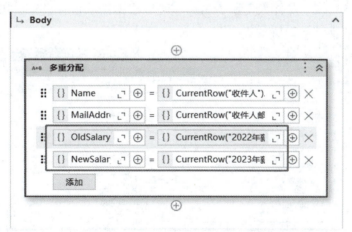

图6-22 "多重分配"活动分配员工薪资

(10) 在"活动"面板中搜索"发送SMTP邮件消息"活动，并将其拖曳至"对于数据表的每一行"活动的"Body"中，放置在"多重分配"活动的下方，如图6-23所示。

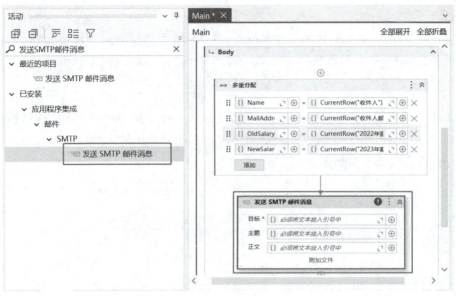

图6-23 "发送SMTP邮件消息"活动

> ❖ 提示:
>
> 这里"发送SMTP邮件消息"活动一定要放置在"对于数据表的每一行"活动的"Body"中,这样才能将每个数据表的第一行数据都发送邮件,从而达到群发邮件的目的。

(11) 打开"发送SMTP邮件消息"活动的"属性"面板,根据前面"E-mail环境准备"第8步保存的信息设置服务器和端口,在"服务器"处输入""smtp.qq.com"",在"端口"处输入"465","发件人"和"名称"可以根据需求自行设置,在"目标"处输入"MailAddress",如图6-24所示。

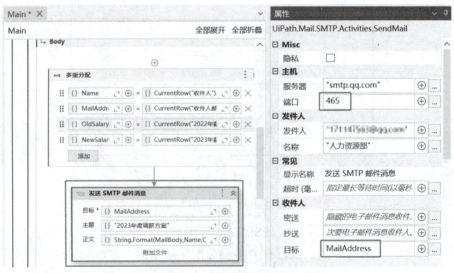

图6-24 "发送SMTP邮件消息"活动属性设置1

> ❖ 提示：
>
> "发送SMTP邮件消息"活动的属性设置中大多是字符串，需要在内容前后加英文引号。但是在"端口"处输入的是数字465，不是字符串，不需要在前后加英文引号。同理，"目标"处的MailAddress为变量，也不是字符串，因此也不需要在前后加英文引号。

（12）继续设置"发送SMTP邮件消息"活动的属性，在"主题"处输入""2023年度调薪方案""，在"正文"处输入"String.Format(MailBody,Name,OldSalary,NewSalary)"，在"密码"处输入前面"E-mail环境准备"第6步保存的授权码，在"电子邮件"处输入自己的邮箱地址，如图6-25所示。

图6-25 "发送SMTP邮件消息"活动属性设置2

> ❖ 提示：
>
> String.Format可用于创建格式化的字符串，这里将MailBody中预置的占位符进行设置，将{0}设置为Name变量的内容，将{1}设置为OldSalary变量的内容，以此类推。注意，"密码"处不应输入邮箱密码，应输入授权码。

（13）在"属性"面板的"附件"处单击右侧的 按钮进入"附件"窗口，在"Value"处输入""公司员工薪酬调整方案.pdf""，将需要与邮件一并发出的附件进行设置，如图6-26所示。

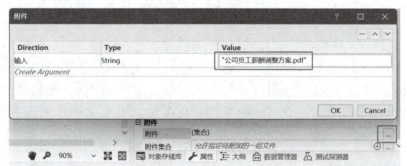

图6-26 "发送SMTP邮件消息"活动属性设置3

> ❖ 提示：
>
> "Value"处设置的是附件的路径，由于前面将附件放置在了根目录下，因此这里只需要输入附件文件的名称即可。

（14）在"变量"面板中，单击"创建变量"按钮创建一个新变量，将其命名为N，设置变量类型为Int32、作用域为Main Sequence、默认值为2，如图6-27所示。

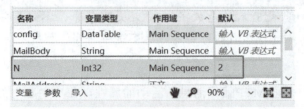

图6-27　创建变量N

> **提示：**
>
> 这里变量N需要在读取数据表的第一行之后进行增量，因此需要将作用域放大至整个流程，如果作用域使用默认的Body将无法实现增量循环结果。

（15）将"写入单元格Workbook"活动拖曳至"发送SMTP邮件消息"活动下方。在"工作簿路径"处，单击文件夹图标选择"配置文件.xlsx"，在"工作表名称"处输入""sheet1""，在"单元格"处输入""G"+N.ToString"，在"文本"处输入""发送成功"+Now.ToString("yyyy-MM-dd HH:mm:ss")"，如图6-28所示。

图6-28　"写入单元格Workbook"活动

> **提示：**
>
> "G"+N.ToString表示G列第N行，N的默认值为2，因此"G"+N.ToString的默认单元格为G2单元格，后面随着N的增量操作进行变化。Now.ToString("yyyy-MM-dd HH:mm:ss")表示对当前时间进行输入，.ToString后面规定了时间类型变量转换为字符串类型的格式。

（16）在"活动"面板中搜索"分配"活动，将其拖曳至"设计器"面板，在等号左边输入"N"，在等号右边输入"N+1"，如图6-29所示。到这一步就已经将设计开发工作全部完成了。

（17）接下来单击流程左上角的"调试文件"按钮，进行工作流调试，调试完成后可以在"输出"面板中查看调试结果，如图6-30所示。

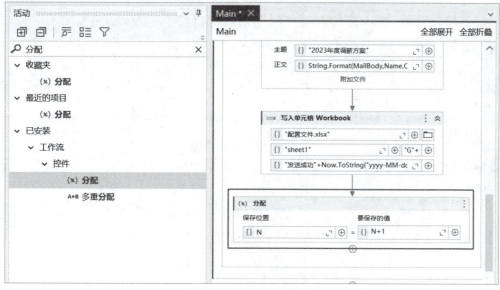

图6-29 "分配"活动

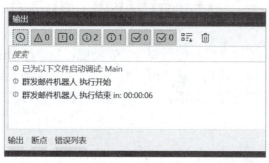

图6-30 调试结果

(18) 单击"项目"面板右上角的文件夹图标，找到"配置文件.xlsx"所在的文件夹，打开Excel表格检查调试结果，如图6-31所示。还可以进入收件人邮箱查看接收到的邮件，从而查看调试结果，如图6-32所示。

序号	收件人	部门	收件人邮箱	2022年薪资	2023年薪资	邮件发送结果
1	张三	总经办	295652991@qq.com	18	20	发送成功2023-08-31 22:56:23
2	李四	行政部	171147563@qq.com	5	5.3	发送成功2023-08-31 22:56:24
3	王五	财务部	zhangxueying85@126.com	6	6.6	发送成功2023-08-31 22:56:25
4	赵六	采购部	rpazj_zhangxueying@163.com	7	7.2	发送成功2023-08-31 22:56:26
5	叶七	销售部	zhangxueying85@163.com	10	12	发送成功2023-08-31 22:56:27

图6-31 通过文件夹查看调试结果

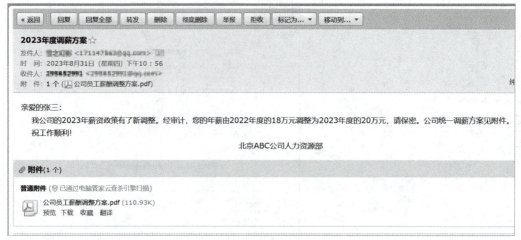

图6-32 通过邮箱查看调试结果

第三节 群收邮件机器人

在日常工作中,人们不仅会经常使用邮件群发功能,也会经常使用邮件群收功能。例如,招聘工作中会收到大量简历,财务工作中会收到大量的电子发票,等等。在工作中经常需要将邮箱中收到的大量邮件进行接收、附件下载及整理等。

群收邮件机器人.mp4

一、需求分析

实训任务说明如下。

人力资源部门在日常招聘过程中,邮箱中会收到很多求职者的简历,如图6-33所示。现在需要将邮件中的附件进行下载,根据招聘岗位进行归档。

图6-33 收件箱情况

二、开发步骤

具体的开发步骤如下。

(1) 新建流程，将其命名为"邮箱简历附件整理"，创建流程后，单击"打开主工作流"按钮，如图6-34所示。

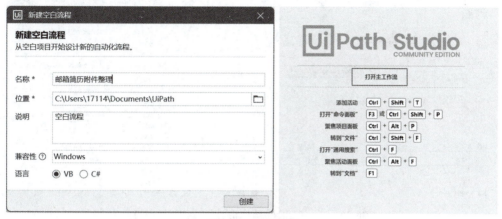

图6-34　新建流程

(2) 在"活动"面板中搜索"获取POP3邮件消息"活动，并将其拖曳至"设计器"面板中，如图6-35所示。

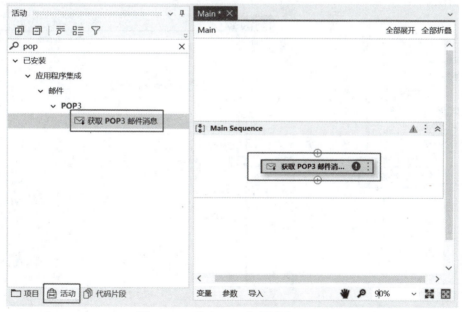

图6-35　"获取POP3邮件消息"活动

(3) 在"获取POP3邮件消息"活动的"属性"面板中，根据前面"E-mail环境准备"第8步保存的信息设置服务器和端口，在"服务器"处输入""pop.qq.com""，在"端口"处输入"995"，在"密码"处输入前面"E-mail环境准备"第6步保存的授权码，将"电子邮件"设置为自己的邮箱地址，在"消息"处使用快捷键Ctrl+K创建变量MailMessage，变量创建好后可以打开"变量"面板查看变量类型，这里使用自动生成的变量类型即可，如

149

图6-36所示。

图6-36 "获取POP3邮件消息"活动属性设置

(4) 在"活动"面板中搜索"遍历循环"活动，并将其拖曳至"获取POP3邮件消息"活动的下方，"项目列表"处设置为变量MailMessage，用于对收到的邮件进行循环操作，如图6-37所示。

图6-37 "遍历循环"活动

(5) 将"保存附件"活动拖曳至"遍历循环"活动的"Body"中，在"文件夹路径"处输入""简历""，如图6-38所示。

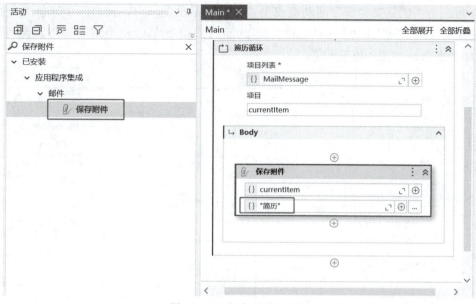

图6-38 "保存附件"活动

> ❖ 提示：
>
> "保存附件"活动用于将邮箱中下载的附件保存至根目录下的"简历"文件夹中，若根目录下没有"简历"文件夹，则该活动会自动新建一个文件夹并命名为"简历"。

（6）单击"遍历循环"活动右上角的向上箭头折叠活动，然后将"分配"活动拖曳至"遍历循环"活动的下方。在等号左边使用快捷键Ctrl+K创建变量FilePath，在等号右边输入"Directory.GetFiles("简历")"，打开"变量"面板，将FilePath的变量类型更改为Array of <String>，设置好后变量类型显示为String[]，如图6-39所示。

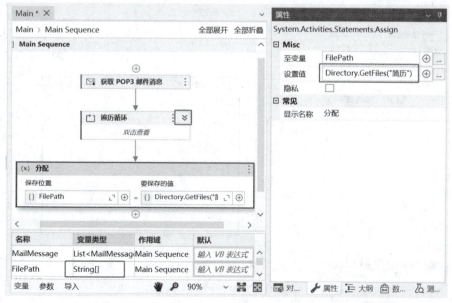

图6-39 "分配"活动

(7) 将三个"创建文件夹"活动拖曳至"分配"活动的下方,并将三个文件夹分别命名为""辅导员简历""""助教简历""和""老师简历"",为后续将不同的简历放置到不同的文件夹中做准备,如图6-40所示。

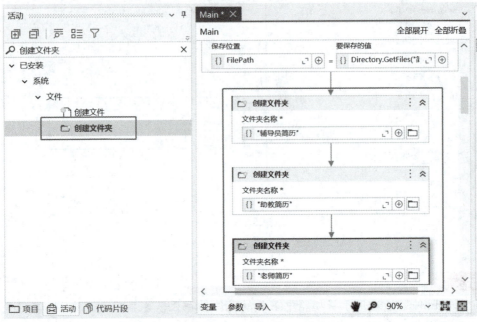

图6-40 "创建文件夹"活动

(8) 再拖曳一个"遍历循环"活动放置在"创建文件夹"活动的下方,"项目列表"处设置为变量FilePath,如图6-41所示。

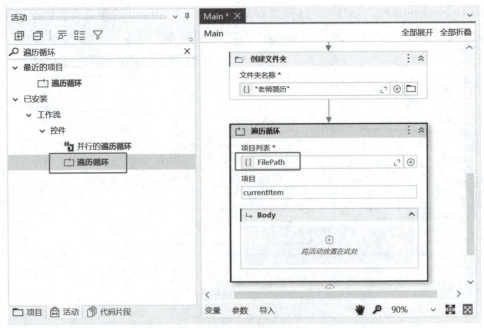

图6-41 "遍历循环"活动

(9) 将"IF条件"活动拖曳至"遍历循环"活动的"Body"中,在"Condition"处输入"currentItem.Contains("辅导员")",如图6-42所示。

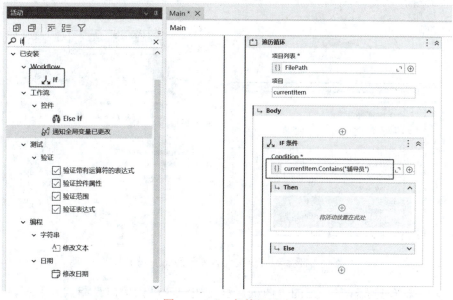

图6-42 "IF条件"活动

> ❖ **提示：**
>
> .Contains()用于判断是否包含括号内的字符串。

（10）拖曳一个"复制文件"活动放置在"IF条件"活动的"Then"中，"来源文件夹"处设置为遍历循环自动生成的变量currentItem，在"目标文件夹"处输入""辅导员简历""，如图6-43所示。

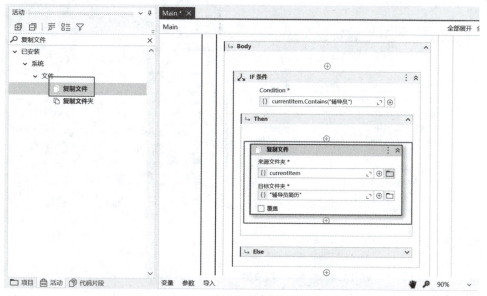

图6-43 复制辅导员简历

（11）按照上述步骤，将"IF条件"和"复制文件"活动放置在"Body"中，并分别设置为""助教简历""和""老师简历""，如图6-44所示。到这一步就已经将设计开发工作全部完成了。

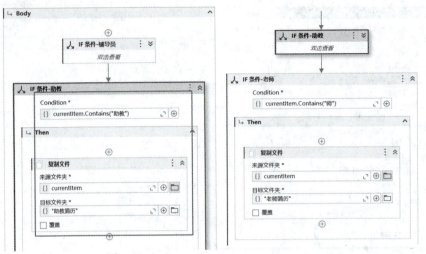

图6-44 复制助教和老师简历

(12) 接下来单击流程左上角的"调试文件"按钮,进行工作流调试,系统会下载邮箱中的附件,并将附件根据应聘人员投递的岗位进行分类,将其存放至不同的文件夹中,如图6-45所示。

图6-45 调试结果

本章小结

本章通过"群发邮件"和"群收邮件"两个案例介绍了E-mail自动化的相关知识。在案例中使用了"循环""IF条件"等活动进行循环和判断，在实际开发过程中可能会增加需求，如增加字典变量存储收件人信息、根据不同收件人更改附件内容等，因此，需要同学们根据自己掌握的知识去增加开发步骤。

思考题

利用UiPath Studio实现以下业务流程自动化。

打开本书所附表格文件，将工资项目内容按照以下形式群发给员工。

主题：员工姓名+2023年10月工资明细

内容：

员工姓名2023年10月工资明细

基本工资：

养老保险：

医疗保险：

失业保险：

个人所得税：

基本工资：

绩效工资：

实际工资：

请查收！

综合案例篇

　　第七章至第十章为综合案例篇,以自动记账机器人、杜邦分析机器人和询证函自动填写机器人为例,从场景描述、流程设计和流程实现等方面对RPA的流程分析、设计与开发进行全面介绍,使读者体会RPA在智能会计中的应用趋势。

第七章

自动记账机器人

传统环境下，会计人员大多采用人工的方式进行会计工作。一方面，由于财税政策的不断更新和业务模式的多样性，会计工作涉及大量的数据处理和信息整合，常常需要处理成百上千的财务凭证和交易记录，手工操作不仅效率低下，而且极易出错。另一方面，财务数据的准确性直接影响企业的信誉和合规性，任何错误都可能带来严重的法律风险。这些多样化和复杂化的任务给会计人员带来了巨大的工作压力。

RPA技术的出现为解决这一问题提供了新的途径。RPA技术能够自动执行一系列标准化的计算机操作，极大地提高了工作效率并减少了错误。企业将一系列烦琐且易出错的手工会计流程实现自动化，可以在确保数据准确性和合规性的同时，释放人力资源用于更高价值的分析和决策任务。

本章将通过一个具体的实战案例，从需求分析、流程设计到具体的操作步骤，全面展示利用UiPath Studio实现会计自动记账的方法。

第一节 场景描述

ABC有限公司是一家中型制造企业，拥有多个生产线和销售渠道。会计部门每月需要处理大量的财务工作，包括记账销账、报表整理、税务计算等。由于公司业务发展迅速，会计部门的工作压力逐渐增大，手动进行记账和报表整理的错误率和时间成本都在上升。其中员工差旅费和日常费用报销流程烦琐，会计部门需要花费大量时间进行核验和录入。

任务目标：减少手动录入和核对数据的时间，提高工作效率；提高财务数据的准确性和可追溯性；释放会计人员的时间，让他们可以参与到更高价值的财务分析和决策过程中。

会计人员收到的费用报销信息表如图7-1所示。

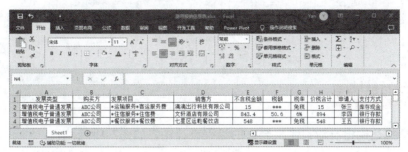

图7-1　费用报销信息表

在根据报销信息编制会计分录时，需要确定借贷方科目。手工编制分录时会计人员可以根据发票的内容进行职业判断，若要实现自动化，就需要理清根据发票内容确定借贷方科目的逻辑。本案例中设计了一张记账科目规则表，系统可以根据发票项目的内容确定应记科目。记账科目规则表如图7-2所示。

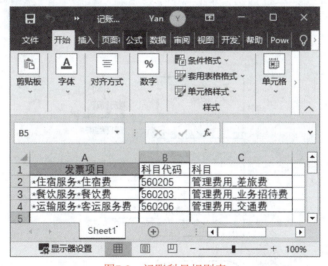

图7-2　记账科目规则表

记账科目匹配之后，就可以在账务系统中进行登记了。本案例采用"畅捷通好会计"进行自动化账务处理，新增凭证页面如图7-3所示。

图7-3　新增凭证页面

第二节 流程设计

一、流程整体设计

根据场景描述确定自动记账机器人的流程设计图,如图7-4所示。

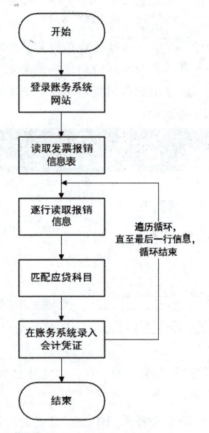

自动记账
机器人.mp4

图7-4 流程设计图

首先输入账号和密码登录畅捷通好会计账务系统,然后使用"读取范围"活动读取发票报销信息表,再通过"遍历循环"逐行读取报销信息,在当前行发票信息中找出发票项目,在记账科目规则表中查找对应的记账科目,最后在账务系统中逐条录入会计凭证。

具体的流程开发步骤如图7-5所示。流程中涉及的变量如图7-6所示。

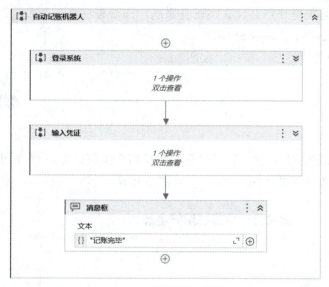

图7-5　流程开发步骤

名称	变量类型	作用域
日期	String	Main Sequence
支付方式	String	Main Sequence
申请人	String	Main Sequence
发票项目	String	Main Sequence
金额	String	Main Sequence
报销信息	DataTable	Main Sequence
科目规则	DataTable	Main Sequence
科目代码	String	Main Sequence
摘要	String	Main Sequence

图7-6　涉及的变量

二、开发前准备

打开Chrome浏览器的扩展程序，检查浏览器插件是否安装成功，如图7-7所示。如果还没有安装，请按照第五章的方法进行安装。

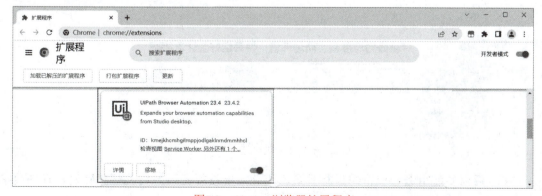

图7-7　Chrome浏览器扩展程序

本案例使用的是畅捷通好会计在线账务系统，需要先注册一个账号，步骤如下。

(1) 打开网址https://h.chanjet.com/。

(2) 单击右上角的"注册"按钮，如图7-8所示。

图7-8　网站首页

(3) 在注册页面输入手机号，单击"获取验证码"按钮，然后将收到的验证码填入，再选中协议，最后单击"立即体验"按钮，如图7-9所示。

图7-9　注册页面

(4) 选择"我要演示账套"，如图7-10所示。

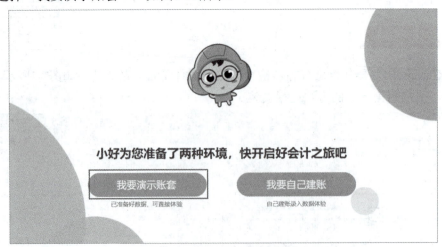

图7-10　账套选择

(5) 今后需要使用账号和密码进行登录，因此需要设置密码。将鼠标指针悬停在网页的右上角，在弹出的菜单中选择"账号设置"，如图7-11所示。

图7-11　账号设置

(6) 在账号设置页面单击"修改密码"按钮，如图7-12所示。

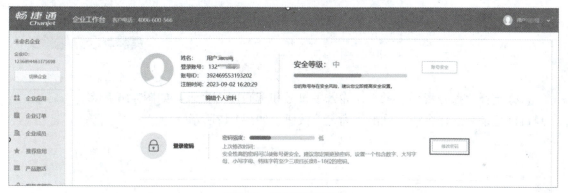

图7-12　账号设置页面

(7) 进入密码修改页面，输入手机号获取验证码，单击"提交"按钮，如图7-13所示。

图7-13　修改密码

(8) 输入两次密码，完成密码修改，单击"完成"按钮，如图7-14所示。
(9) 回到初始页面，单击"登录"按钮，如图7-15所示。

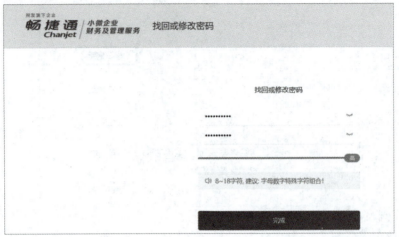

图7-14　完成密码修改

图7-15　初始页面

(10) 选择"账号密码登录",输入手机号和密码便可登录,如图7-16所示。

(11) 登录后选择企业,单击"确定"按钮,如图7-17所示。

图7-16　账号密码登录

图7-17　选择企业

(12) 首次登录需要修改账套(实际上是新建账套)，可以按需要修改，也可以直接单击"保存"按钮使用默认设置，如图7-18所示。

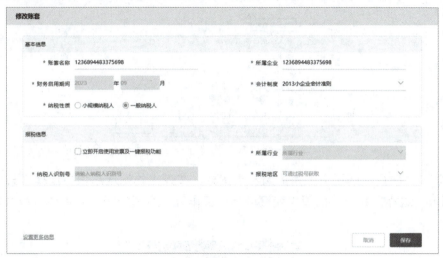

图7-18 修改账套

(13) 账套首页如图7-19所示。若弹出广告或教程等可直接将其关闭，以免干扰操作。

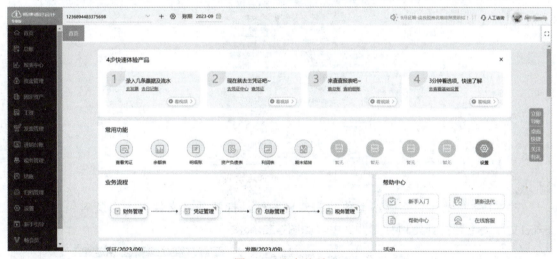

图7-19 账套首页

第三节 流程实现

一、创建项目

(1) 新建流程，将其命名为"自动记账机器人"，单击"创建"按钮，如图7-20所示。

图7-20　新建流程

(2) 单击"项目"面板右上角的漏斗形图标，在弹出的筛选选项中选择"其他"，如图7-21所示。这样"项目"面板中就可以显示工作流、测试用例、表单和文本以外的其他类型文件。

图7-21　设置筛选选项

(3) 单击"项目"面板右上角的文件夹图标，打开项目文件夹，将资料包中的两个Excel文件复制到打开的项目文件夹中，如图7-22所示。

图7-22　准备项目文件

二、"登录系统"模块

"登录系统"模块的流程设计框架,如图7-23所示。

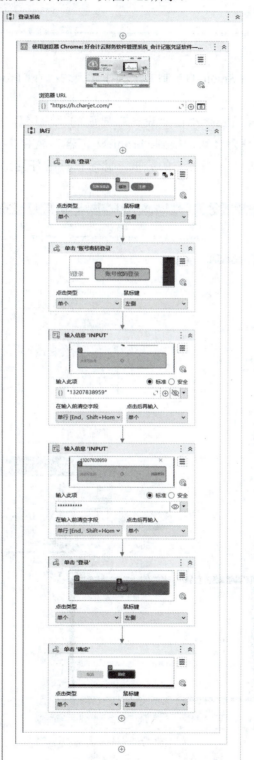

图7-23 "登录系统"模块的流程设计框架

(1) 添加"序列"活动，将其命名为"登录系统"，如图7-24所示。

图7-24 "登录系统"序列

(2) 接下来使用UiPath Studio的录制方法制作此模块。在Chrome浏览器中打开畅捷通好会计，保持未登录状态。

(3) 切换到UiPath Studio，单击"设计"界面的"应用程序/网页录制器"按钮，如图7-25所示。此时，屏幕会自动切换到Chrome浏览器，鼠标为选择状态，会自动捕捉网页上的元素，并标记为左上角带标志的绿框，此时鼠标的任何操作都会被记录，如图7-26所示。

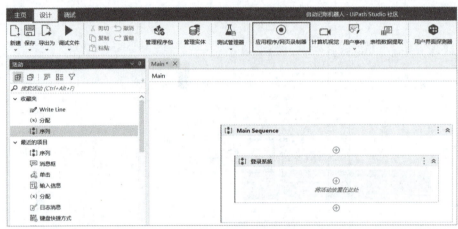

图7-25 单击录制按钮

图7-26 录制状态

(4) 在录制状态下单击"登录"按钮,在登录的同时录制器会把这个动作记录下来,如图7-27所示。因此,每完成一步操作后,需要等录制器将其记录下来之后再进行下一步操作。

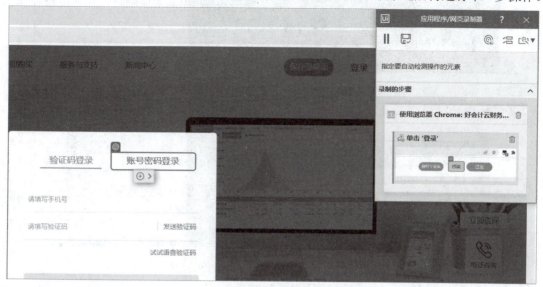

图7-27 登录

(5) 继续正常登录,单击"账号密码登录",再单击账号输入框,此时UiPath Studio会标记该输入框,并弹出一个输入窗口,将手机号输入后可以按Enter键结束,也可以单击"确认"按钮,如图7-28所示。

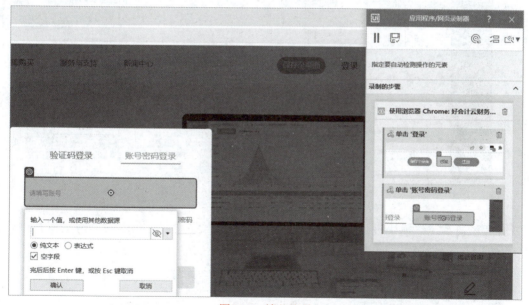

图7-28 输入账号

(6) 单击密码输入框,后续操作和输入账号操作类似,不同的是输入密码时会以星号隐藏显示,如图7-29所示。

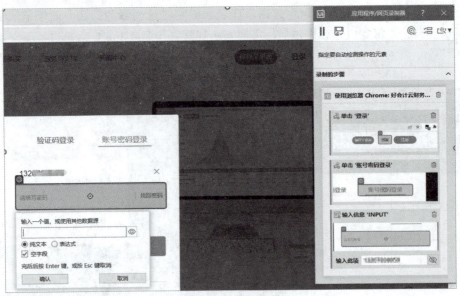

图7-29　输入密码

(7) 依次单击"登录"和"确定"按钮，即可进入账套首页，单击"保存"按钮，完成录制，如图7-30所示。不要关闭浏览器，后续步骤中还要使用。

图7-30　完成录制

(8) "登录系统"模块设计完成，单击"登录系统"序列右上角的向上箭头将其进行折叠，方便进行后续操作，如图7-31所示。

图7-31　折叠

三、"输入凭证"模块

"输入凭证"模块的流程设计框架，如图7-32所示。

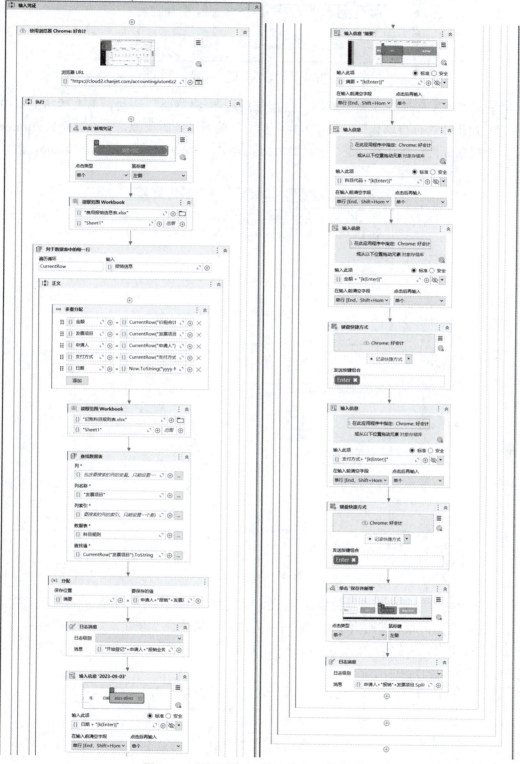

图7-32 "输入凭证"模块的流程设计框架

（1）在"登录系统"序列的下方添加"序列"活动，将其命名为"输入凭证"，如图7-33所示。

图7-33 "输入凭证"序列

(2) 在"输入凭证"序列中添加"使用应用程序/浏览器"活动，单击活动主体中的"指定应用程序进行自动化"，如图7-34所示。与前面录制时类似，也会切换到Chrome浏览器，此时鼠标为选择状态，整个浏览器页面被选中，单击即可返回UiPath Studio，效果如图7-35所示。

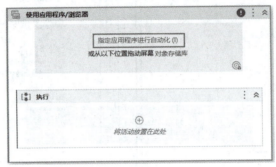

图7-34 "使用应用程序/浏览器"活动

图7-35 选择浏览器

(3) 在"使用浏览器"活动的执行中添加"单击"活动，如图7-36所示。在活动主体中单击，进入选择状态，在网页中单击首页下方的"新增凭证"按钮，如图7-37所示。"新增凭证"按钮变成绿色选中状态，表示指定成功，单击"确认"按钮，如图7-38所示。设置完成，效果如图7-39所示。

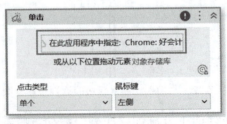

图7-36 "单击"活动

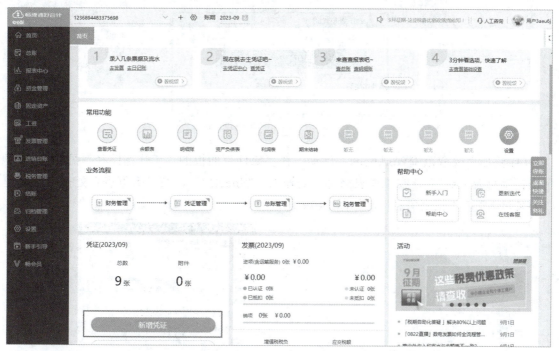

图7-37 "新增凭证"按钮

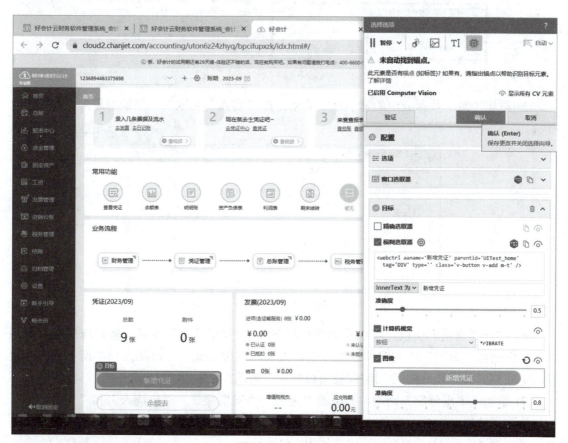

图7-38 完成指定

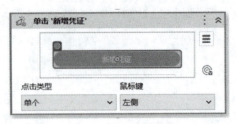

图7-39　完成单击设置

(4) 添加"读取范围Workbook"活动,在"属性"面板的"工作簿路径"处输入""费用报销信息表.xlsx"",在工作表名称"处输入""Sheet1"",在"数据表"处使用快捷键Ctrl+K创建变量"报销信息",如图7-40所示。

图7-40　"读取范围Workbook"活动

(5) 添加"对于数据表中的每一行"活动,在"输入"处输入"报销信息",如图7-41所示。

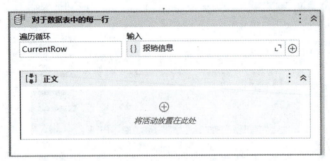

图7-41　"对于数据表中的每一行"活动

(6) 打开"变量"面板,可以看到第4步创建的"报销信息"变量,将其作用域设到最外层。再创建"金额""发票项目""申请人""支付方式""日期"和"摘要"六个变量,变量类型都是String,作用域都设到最外层,如图7-42所示。

(7) 添加"多重分配"活动,其中的"金额""发票项目""申请人"和"支付方式"都是从遍历的CurrentRow取值,"日期"则依据好会计新增凭证页面的日期进行输入,并将其调整为"yyyy-MM-dd"的格式,如图7-43所示。

名称	变量类型	作用域
报销信息	DataTable	Main Sequence
金额	String	Main Sequence
发票项目	String	Main Sequence
申请人	String	Main Sequence
支付方式	String	Main Sequence
日期	String	Main Sequence
摘要	String	Main Sequence

图7-42 创建变量

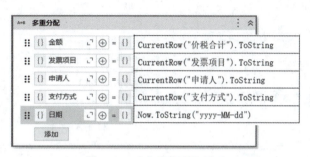

图7-43 "多重分配"活动

(8) 添加"读取范围Workbook"活动，在"属性"面板的"工作簿路径"处输入""记账科目规则表.xlsx""，在"工作表名称"处输入""Sheet1""，在"数据表"处使用快捷键Ctrl+K创建变量"科目规则"，并将其作用域设置到最外层，如图7-44所示。

图7-44 "读取范围Workbook"活动

(9) 添加"查找数据表"活动，在"属性"面板的"查找列"→"列名称"处输入""发票项目""，在"目标列"→"列名称"处输入""科目代码""，在"数据表"处输入"科目规则"，在"查找值"处输入"CurrentRow("发票项目").ToString"，在"单元格值"处使用快捷键Ctrl+K创建变量"科目代码"，并将其作用域设置到最外层，如图7-45所示。

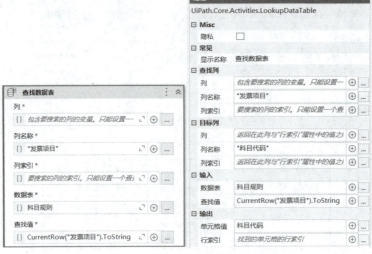

图7-45 "查找数据表"活动

(10) 添加"分配"活动,在"保存位置"处输入"摘要",在"要保存的值"处输入"申请人+"报销"+发票项目.Split("*"C)(2)",如图7-46所示。

图7-46 "分配"活动

(11) 添加"日志消息"活动,在"消息"处输入""开始登记"+申请人+"报销业务"",如图7-47所示。

图7-47 "日志消息"活动

(12) 添加"输入信息"活动,操作步骤与第3步类似,在活动主体中单击,进入选择状态,单击新增凭证页面的日期,此时日期为绿色选中状态,表示指定成功,单击"确认"按钮,效果如图7-48所示。在"属性"面板的"文本"处输入"日期+"[k(Enter)]"",在"输入模式"处选择"硬件事件","选项-硬件事件"的下级选项保持默认设置,如图7-49所示。

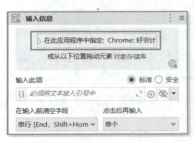 

图7-48 "输入信息"活动—输入日期

第七章 自动记账机器人

图7-49 属性设置

(13) 添加"输入信息"活动,在活动主体中单击,进入选择状态,单击新增凭证页面第一行的摘要输入框,此时输入框为红色,此处还有很多橙色框,表示识别不准确。这时单击"添加锚点"按钮(见图7-50),会出现一个蓝色框用于辅助定位,用蓝色框框选"摘要"并单击,此时为选中状态(见图7-51),再单击"确认"按钮。在"属性"面板的"文本"处输入"摘要+"[k(Enter)]"",在"输入模式"处选择"硬件事件","选项-硬件事件"的下级选项保持默认设置,如图7-52所示。

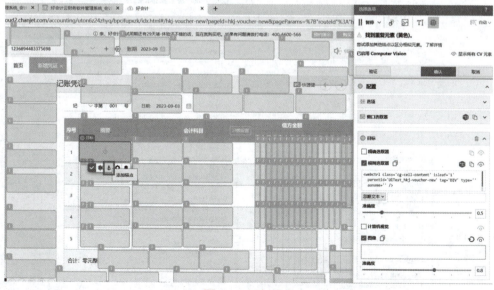

图7-50 添加锚点

177

图7-51 锚点选中状态

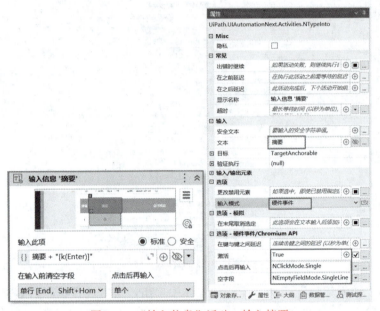

图7-52 "输入信息"活动—输入摘要

(14) 添加"输入信息"活动,在"属性"面板的"文本"处输入"科目代码+"[k(Enter)]"",在"输入模式"处选择"硬件事件","选项-硬件事件"的下级选项保持默认设置,如图7-53所示。

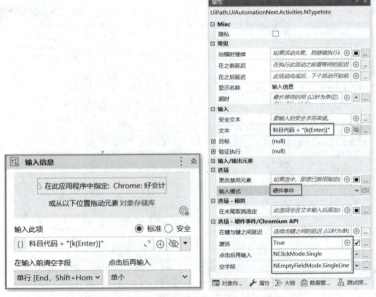

图7-53 "输入信息"活动—输入科目代码

(15) 添加"输入信息"活动,在"属性"面板的"文本"处输入"金额+"[k(Enter)]"",在"输入模式"处选择"硬件事件","选项-硬件事件"的下级选项保持默认设置,如图7-54所示。

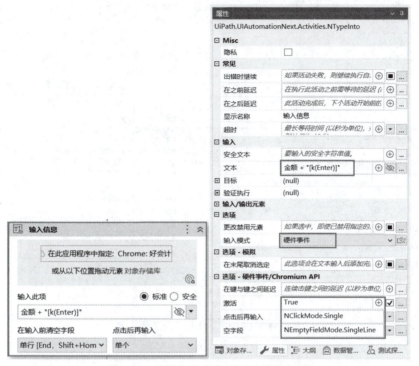

图7-54 "输入信息"活动—输入金额

(16) 添加"键盘快捷方式"活动,单击活动主体中间的"记录快捷方式",在录制状态下按Enter键表示录制完成,如图7-55所示。

图7-55 "键盘快捷方式"活动

(17) 添加"输入信息"活动,在"属性"面板的"文本"处输入"支付方式+"[k(Enter)]"",在"输入模式"处选择"硬件事件","选项-硬件事件"的下级选项保持默认设置,如图7-56所示。

(18) 按第16步的方法再添加"键盘快捷方式"活动,效果如图7-57所示。

(19) 添加"单击"活动,按照第3步的方法指定新增凭证页面右下角的"保存并新增"按钮,如图7-58所示。若按钮为灰色表示不可用,则应先输入凭证信息。设置完成,效果如图7-59所示。

图7-56 "输入信息"活动—输入支付方式

图7-57 "键盘快捷方式"活动

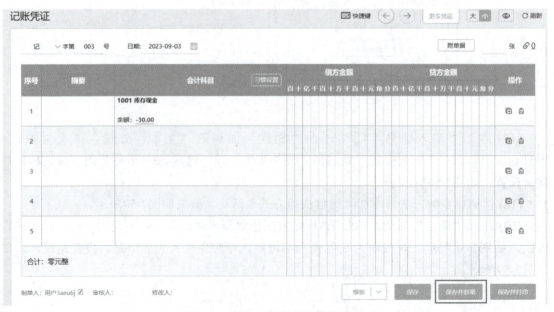

图7-58 指定"保存并新增"按钮

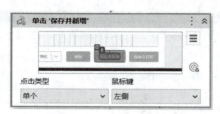

图7-59 完成单击设置

(20) 添加"日志消息"活动,在"消息"处输入""开始登记"+申请人+"报销业务"",如图7-60所示。

图7-60 "日志消息"活动

(21) "输入凭证"模块设计完成,单击"输入凭证"序列右上角的向上箭头将其进行折叠。

四、输出结果消息框

在流程的最后,添加一个"消息框"活动,在"文本"处输入""记账完毕"",如图7-61所示。

图7-61 "消息框"活动

五、调试运行结果

运行流程,可以看到登录线上账务系统并逐张输入凭证的整个过程。流程执行完成后,系统弹出消息框提示"记账完毕",如图7-62所示。

图7-62 记账完毕

查看"输出"面板,该面板中记录了记账机器人的工作过程,如图7-63所示。

图7-63 "输出"面板

在畅捷通好会计财务系统单击"查看凭证",可以看到已输入的三张凭证,如图7-64所示。

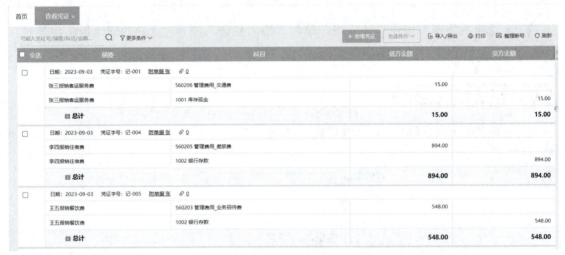

图7-64 查看凭证

✦ 本章小结

本章通过登录账务系统网站、读取发票报销信息表、遍历循环逐行读取报销信息、根据科目规则匹配应贷科目、在账务系统录入会计凭证等步骤,一步步地展示了如何利用RPA工具实现复杂的财务任务。各个模块的目标明确,解决方案具有可行性,有助于提升会计部门的工作效率和数据准确性。

✦ 思考题

试着在畅捷通好会计财务系统中实现会计自动化的其他场景,如凭证批量审核、自动生成财会会计报告等。

第八章

杜邦分析机器人

习近平总书记在党的二十大报告中指出,加快发展数字经济,促进数字经济和实体经济深度融合。新一代信息技术与各产业结合形成的数字化生产力和数字经济,是现代化经济体系发展的重要方向。数字化转型已经成为全球经济发展的大趋势,世界各国均将数字化作为优先发展的方向,积极推动数字经济发展。

在财务管理方面,多数公司都在使用杜邦分析体系来对企业的经营状况进行分析。杜邦分析体系是一种综合分析财务数据和财务比率的研究方法,是从财务角度评价企业绩效的经典方法。杜邦分析法以最具综合性和代表性的指标——净资产收益率作为企业绩效评价的出发点和落脚点,层层分解至营业净利润率、资产周转率和权益乘数等财务指标。这一方法,可使财务比率分析的层次更清晰、条理更突出,便于报表分析者全面了解企业的经营和盈利状况。

在传统的财务管理工作中,若想使用杜邦分析法进行财务分析,则需要通过人工在庞大的财务报告数据中查找相应的财务指标并手动填入杜邦分析计算表格,效率低下且容易发生错误。而利用RPA机器人使用杜邦分析法进行财务分析,可按照预先设定的规则在财务报告中自动查找对应的财务指标,不仅处理速度快,还能确保计算结果的准确性,有助于企业员工减少财务管理过程中的工作量,提高工作效率。

本章将通过具体的实例介绍如何将PDF财务报告转化为文本,对财务报告进行取值并填列到杜邦分析计算表格中,并对计算结果自动进行判断分析,最后呈现分析结果。

第一节 场景描述

贵州茅台酒股份有限公司由中国贵州茅台酒厂有限责任公司作为主发起人,联合另外七家单位共同发起设立,主营贵州茅台酒系列产品,同时进行饮料、食品、包装材料的生产和销售，防伪技术的开发，以及信息产业相关产品的研制开发。该公司为上市公司，其股东、公司管理者和相关人员均需对公司财务报告中的各项数据进行分析。

在传统的财务管理工作中，常常通过人工核算的方式进行杜邦分析，数据量大，常常导致分析结果不准确。针对以上问题，管理部门提出需要"杜邦分析机器人"协助财务人员完成杜邦分析计算的相关工作。杜邦分析机器人需要对近五年公示的财务报告中体现的各项财务指标进行提取，将其填列至杜邦分析表格中，并对填列的财务指标数据进行判断和分析，将分析结果用文字方式呈现在杜邦分析表中，便于政府、股东、企业领导层和其他人员查看。

(1) 将PDF格式的财务报告(见图8-1)转换为文本格式(见图8-2)，并对文本中的财务指标进行提取，需要提取的财务指标包括营业收入、利润总额、资产总额和股东权益，再将提取出来的财务指标及数据填至Excel格式的杜邦分析表(见图8-3)中。

合并资产负债表
2022年12月31日

编制单位：贵州茅台酒股份有限公司

单位：元 币种：人民币

项目	附注	2022年12月31日	2021年12月31日
流动资产：			
货币资金	1	58,274,318,733.23	51,810,243,607.11
结算备付金			
拆出资金	2	116,172,711,554.59	135,067,287,778.03
交易性金融资产			
衍生金融资产			
应收票据	3	105,453,212.00	
应收账款	4	20,937,144.00	
应收款项融资			
预付款项	5	897,377,162.27	389,109,841.28
应收保费			
应收分保账款			
应收分保合同准备金			
其他应收款	6	31,818,622.84	33,158,974.32
其中：应收利息			
应收股利			
买入返售金融资产			
存货	7	38,824,374,236.24	33,394,365,084.83
合同资产			
持有待售资产			
一年内到期的非流动资产	8	2,123,601,333.33	
其他流动资产	9	160,843,674.42	71,527,560.74
流动资产合计		216,611,435,672.92	220,765,692,846.31

图8-1 财务报告(PDF格式)

二、财务报表
合并资产负债表
2022 年 12 月 31 日
编制单位:贵州茅台酒股份有限公司
单位:元币种:人民币
项目 附注 2022 年 12 月 31 日 2021 年 12 月 31 日
流动资产:
货币资金 1 58,274,318,733.23 51,810,243,607.11
结算备付金
拆出资金 2 116,172,711,554.59 135,067,287,778.03
交易性金融资产
衍生金融资产
应收票据 3 105,453,212.00
应收账款 4 20,937,144.00
应收款项融资
预付款项 5 897,377,162.27 389,109,841.28
应收保费
应收分保账款
应收分保合同准备金
其他应收款 6 31,818,622.84 33,158,974.32
其中：应收利息
应收股利
买入返售金融资产
存货 7 38,824,374,236.24 33,394,365,084.83
合同资产
持有待售资产
一年内到期的非流动资产 8 2,123,601,333.33
其他流动资产 9 160,843,674.42 71,527,560.74
流动资产合计 216,611,435,672.92 220,765,692,846.31

图8-2 财务报告(文本格式)

贵州茅台杜邦分析体系计算

单位：元

项目	2018年	2019年	2020年	2021年	2022年
营业收入	77,199,384,110.22	88,854,337,488.76	97,993,240,501.21	109,464,278,563.89	127,553,959,355.97
利润总额	50,827,603,447.47	58,782,551,797.72	66,196,941,991.11	74,528,031,894.76	87,701,489,748.18
资产总额	159,846,674,736.01	183,042,372,042.50	213,395,810,527.46	255,168,195,159.90	254,364,804,995.25
股东权益	117,408,487,922.53	141,876,380,228.65	167,720,683,101.28	196,957,506,705.34	204,964,688,254.08
总资产净利率（%）	31.8	32.11	31.02	29.21	34.48
销售净利率（%）	65.84	66.16	67.55	68.08	68.76
总资产周转率（%）	48.3	48.54	45.92	42.9	50.15
权益乘数	1.36	1.29	1.27	1.3	1.24
净资产收益率（%）	43.25	41.42	39.4	37.97	42.76

图8-3 杜邦分析表

(2) 对杜邦分析表中的数据进行判断和分析，将分析的结果以文字方式显示在杜邦指标分析表中，如图8-4所示。

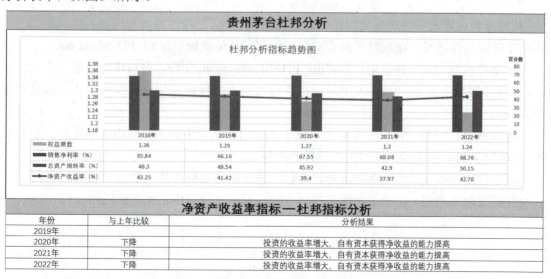

图8-4 杜邦指标分析表

第二节　流程设计

根据场景描述确定杜邦分析机器人的流程设计图，如图8-5所示。

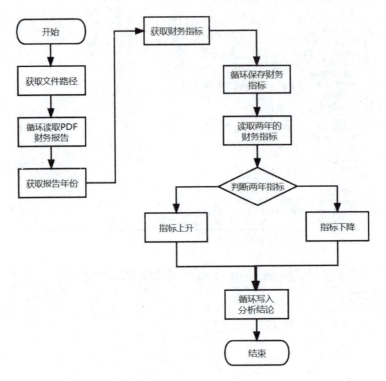

杜邦分析
机器人.mp4

图8-5　流程设计图

一、功能模块详细设计

杜邦分析机器人各功能模块的详细设计思路如下。

(1) 获取文件路径。获取财务报告文件路径，赋值给数组变量arr_PDFfilename。

(2) 循环读取PDF文件。遍历变量arr_PDFfilename中的文件，对PDF文件进行读取，读取完成后存储至变量 str_content 中，并将其写入文本文件中，便于后续对财务指标进行获取和分析。

(3) 获取报告年份。获取报告年份，便于在输出的结果中显示对应报告的年份，以及后续在获取财务指标时根据不同的年份进行判断和选择。

(4) 定位财务报表。将财务报表进行定位，确保财务指标和数据的正确获取。

(5) 获取财务指标。将获取的财务指标存储在对应的变量中，如表8-1所示。

表8-1　财务指标变量表

序号	财务指标	变量名称
1	营业收入	str_income
2	利润总额	str_profit
3	资产总额	str_asset
4	股东权益	str_Rights

(6) 保存财务指标。将获取的财务指标写入杜邦分析Excel文件相应的单元格中。

(7) 读取指标数据。读取杜邦分析Excel文件中自动生成的杜邦分析指标并将其存储在对应的变量中，如表8-2所示。

表8.2　杜邦分析指标变量表

序号	杜邦分析指标	变量名称
1	上年指标	str_LastYear
2	今年指标	str_ThisYear

(8) 判断增长率指标。对读取的杜邦分析指标进行判断，当今年指标比去年指标大时，则为上升趋势；当今年指标比去年指标小时，则为下降趋势。

(9) 获取并输出分析结果。对杜邦指标数据进行分析，将分析结果写入杜邦分析Excel表格中。

后续的流程开发将按照以上思路进行设计实现。

二、项目文件结构设计

"项目"面板中的文件结构如图8-6所示。

图8-6　文件结构

(1) 贵州茅台财务报告文件夹：用于存放流程执行需要的2018—2022年财务报告PDF文件。

(2) Main.xaml：主流程文件，是流程启动的入口。

(3) PDF文本文件.txt：用于存放循环读取PDF文件时输出的财务报告文本文件。

(4) 贵州茅台杜邦分析体系计算表格.xlsx：用于将财务指标写入该Excel文件中，并根据写入的指标自动计算杜邦指标，填写分析结果。

三、创建项目

(1) 打开"开始"选项卡，在"新建项目"中单击"流程"，如图8-7所示。

图8-7 "开始"选项卡

(2) 在弹出的"新建空白流程"对话框中输入项目名称和位置，单击"创建"按钮，如图8-8所示。

图8-8 新建流程

四、PDF程序包安装

本案例中，需要通过对PDF文件的读取来获取财务指标。由于UiPath Studio默认的项目依赖项中没有与PDF文件相关的程序包，无法完成对PDF文件的读取，因此需要手动添加依赖项UiPath.PDF.Activities。具体的操作步骤如下。

(1) 在"设计"界面，单击功能区中的"管理程序包"按钮，如图8-9所示。

第八章 杜邦分析机器人

图8-9　管理程序包

（2）在"管理包"对话框中，打开"正式"选项卡，在搜索栏输入"UiPath.PDF.Activities"，查询获得该组件后，单击选中该组件，在右侧面板中单击"安装"按钮，然后单击"保存"按钮，如图8-10所示。

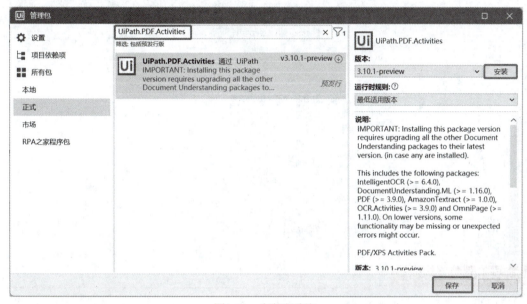

图8-10　安装程序包

（3）安装完成后，在"项目"面板的"依赖项"中可以看到UiPath.PDF.Activities已存在，如图8-11所示。

图8-11　项目依赖项

第三节　流程实现

流程设计框架如图8-12所示。

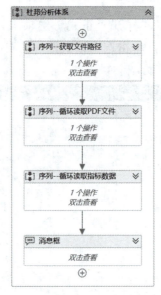

图8-12　流程设计框架

一、获取文件路径

(1) 单击"打开主工作流"按钮，打开Main.xaml。

(2) 在"设计器"面板中，添加"序列"活动，将其命名为"序列--获取文件路径"。在序列中添加一个"分配"活动，将其命名为"分配--获取文件路径"。在等号左边创建变量arr_PDFfilename，在等号右边输入表达式"Directory.getfiles("贵州茅台财务报告")"，如图8-13所示。

图8-13　分配--获取文件路径

❖ 提示：

Directory.getfiles("贵州茅台财务报告")表示从文件夹中获取多种类型的文件，其中"贵州茅台财务报告"是存放财务报告的文件夹路径。

(3) 按照表8-3所示内容，在"属性"面板中进行设置。

表8-3 "属性"面板设置

活动显示名称	受让人	值
分配--获取文件路径	arr_PDFfilename	Directory.getfiles("贵州茅台财务报告")

(4) 设置变量 arr_PDFfilename 的类型为ArrayOf <String>，如图8-14所示。"变量"面板中的设置如图8-15所示。

图8-14 设置变量类型

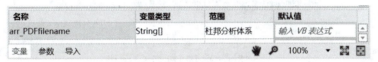

图8-15 设置变量arr_PDFfilename

❖ 提示：

ArrayOf <String>表示由字符串组成的数组。

二、循环读取PDF文件

循环读取PDF文件流程如图8-16所示。实现步骤如下文所述。

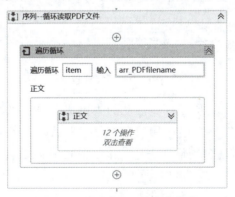

图8-16 循环读取PDF文件流程

(1) 在"设计器"面板中，添加"序列"活动，将其命名为"序列--循环读取PDF文件"；查找"遍历循环"活动，将其拖曳至"序列--循环读取PDF文件"中；在"属性"面板中，将 TypeArgument设置为String，将值设置为变量arr_PDFfilename，如图8-17所示。

图8-17 "遍历循环"活动

(2) 在"遍历循环"活动的"正文"中添加"读取PDF文本"活动,将其命名为"读取PDF文本--PDF文件转换TXT文件",如图8-18所示。在"属性"面板中,在"文件名"处输入"item",在"文本"处创建一个变量str_content,如图8-19所示。

图8-18 "读取PDF文本"活动

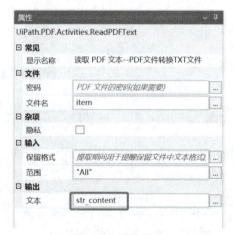

图8-19 属性设置

(3) 获取报告年份,在"遍历循环"活动的"正文"中添加"序列"活动,将其命名为"序列-获取报告年份"。在序列中添加两个"分配"活动,在等号左边分别创建变量 str_year 和 int_year,在等号右边分别输入表达式item.Substring(20,4)和int32.Parse(str_year),如图8-20所示。

❖ 提示:

Substring(a,b)函数表示截取部分字符串,a表示从第a个字符开始截取,b表示截取的字符长度,如果没有则默认截取到最后。int32.Parse()表示将括号内的字符串转换成Int32类型(只是整数)。

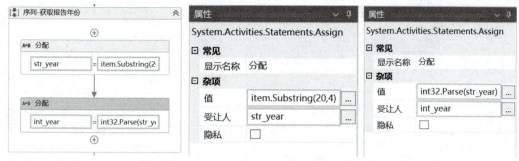

图8-20 序列-获取报告年份

(4) 查找"写入文本文件"活动,将其拖曳至"遍历循环"活动的"正文"中。在"属性"面板的"写入文件名"处输入""PDF文本文件"+str_year+".txt"",在"文本"处设置变量 str_content,如图8-21所示。

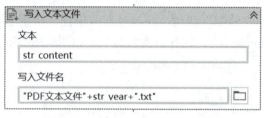

图8-21 "写入文本文件"活动

(5) 在"写入文本文件"活动的下方添加一个"日志消息"活动,在"消息"处输入""开始输出"+int_year.ToString+"年财务指标"",如图8-22所示。

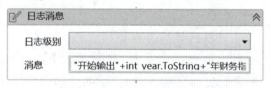

图8-22 "日志消息"活动

(6) 在"变量"面板中创建变量int_index,设置变量类型为Int32、范围为杜邦分析体系、默认值为空,如图8-23所示。

图8-23 创建变量

(7) 在"活动"面板搜索"写入单元格"活动,将其拖曳至"日志消息"活动下方,在"工作簿路径"处输入""贵州茅台杜邦分析体系计算表格.xlsx"",在"工作表名称"处输入""Sheet1"",在"单元格"处输入表达式""A"+(17+int_index).ToString",在"文本"处输入"str_year+"年"",如图8-24所示。

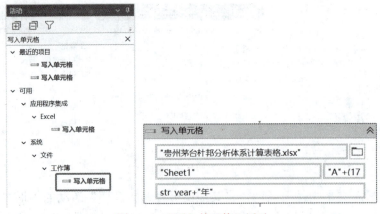

图8-24　"写入单元格"活动

（8）在"遍历循环"活动的"正文"中添加"序列"活动，将其命名为"序列-定位财务报表"。在序列中添加"分配"活动，在等号左边创建一个变量 str_repord，在等号右边输入表达式"Split(str_content,"二、财务报表")(1)"，如图8-25所示。

图8-25　序列-定位财务报表

❖ **提示：**

Split(a,b)(n)用于分割字符串，表示将a字符串用b进行切割，切割第n部分，0代表第一部分，1代表第二部分，以此类推。例如，Split("23-06-15","-")(0)为"23"，Split("23-06-15","-")(1)为"06"，Split("23-06-15","-")(2)为"15"。

（9）在"遍历循环"活动的"正文"中添加"序列"活动，将其命名为"序列-定位合并利润表"。在序列中添加"分配"活动，在等号左边创建一个变量 str_IncomeStatement，在等号右边输入表达式"Split(str_content,"合并利润表")(1)"，如图8-26所示。

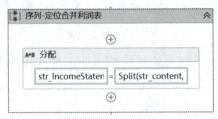

图8-26　序列-定位合并利润表

(10) 在"遍历循环"活动的"正文"中添加"序列"活动,将其命名为"序列--获取营业收入指标"。在序列中添加"分配"活动,将其命名为"分配--定位营业收入"。在等号左边创建变量 str_income,在等号右边输入表达式"Split(str_IncomeStatement,"营业总收入")(1)"如图8-27所示。

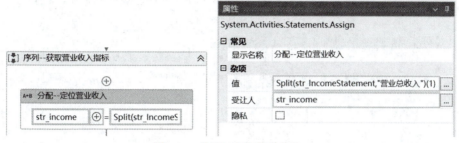

图8-27　分配--定位营业收入

再添加一个"分配"活动,在等号左边设置变量 str_income,在等号右边输入表达式"Split(str_income.trim," ")(0)",如图8-28所示。

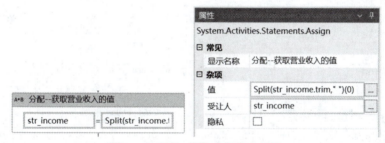

图8-28　分配--获取营业收入的值

在两个"分配"活动的下方添加一个"日志消息"活动,在"消息"处输入""营业收入"+str_income"。

序列整体效果如图8-29所示。

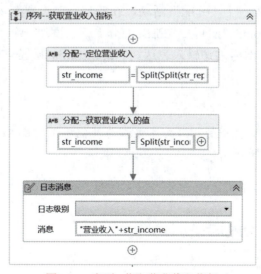

图8-29　序列--获取营业收入指标

(11) 在"遍历循环"活动的"正文"中添加"序列"活动，将其命名为"序列--获取利润总额指标"。在序列中添加"分配"活动，在等号左边创建一个变量 str_profit，在等号右边输入表达式"Split(str_IncomeStatement,"利润总额")(1)"，如图8-30所示。

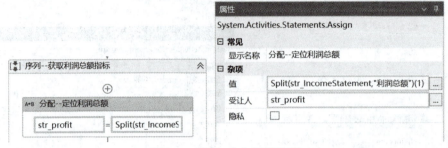

图8-30　分配--定位利润总额

再添加一个"IF条件"活动，将条件设置为"str_year="2020""，如图8-31所示。

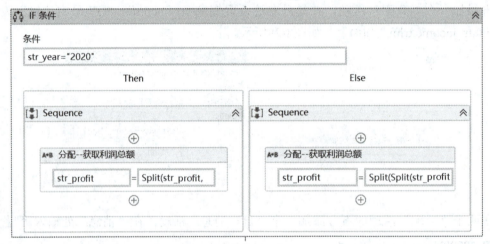

图8-31　分配--获取利润总额

在Then的分支中添加一个"分配"活动，在等号左边设置变量str_profit，在等号右边输入表达式"Split(str_profit," ")(1)"。在Else的分支中也添加一个"分配"活动，在等号左边设置变量str_profit，在等号右边输入表达式"Split(Split(str_profit,"号填列)")(1).Trim," ")(0)"。

❖ 提示：

由于2020年财务报告生成的TXT文本文档与其他年份的格式不同，因此需要将2020年的财务报告单独设置切割。

在"IF条件"活动的下方添加一个"日志消息"活动，在"消息"处输入""利润总额"+str_profit"。

序列整体效果如图8-32所示。

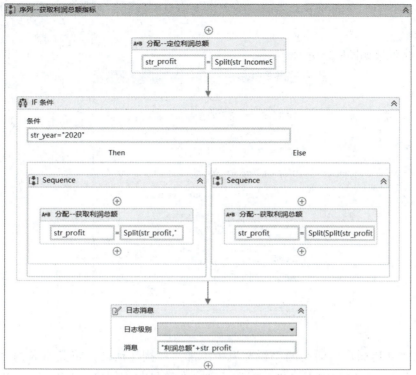

图8-32 序列--获取利润总额指标

(12) 在"遍历循环"活动的"正文"中添加"序列"活动,将其命名为"序列--获取资产总额指标"。在序列中添加"分配"活动,在等号左边创建一个变量 str_asset,在等号右边输入表达式"Split(str_repord,"非流动资产合计")(1)",如图8-33所示。

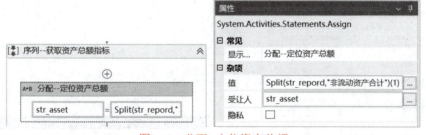

图8-33 分配--定位资产总额

再添加一个"分配"活动,在等号左边设置变量str_asset,在等号右边输入表达式"split(split(str_asset,"资产总计")(1).trim," ")(0)",如图8-34所示。

图8-34 分配--获取资产总额

在两个"分配"活动的下方添加一个"日志消息"活动,在"消息"处输入""资产总额"+str_asset"。

序列整体效果如图8-35所示。

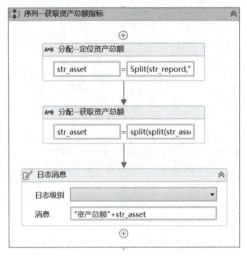

图8-35 序列--获取资产总额指标

(13) 在"遍历循环"活动的"正文"中添加"序列"活动,将其命名为"序列--获取股东权益指标"。在序列中添加"分配"活动,在等号左边创建一个变量 str_Rights,在等号右边输入表达式"Split(Split(str_repord,"合并资产负债表")(1),"少数股东权益")(1)",如图8-36所示。

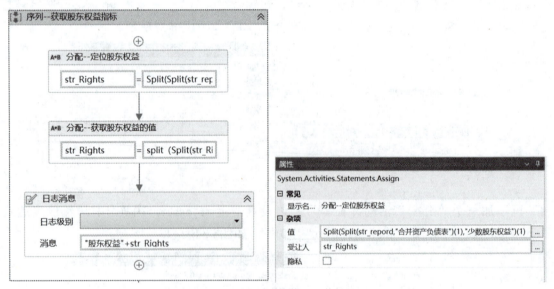

图8-36 分配--定位股东权益

再添加一个"IF条件"活动,将条件设置为"str_year="2020" Or str_year="2021"",如图8-37所示。

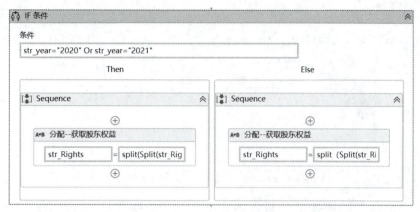

图8-37 分配--获取股东权益

在Then的分支中添加一个"分配"活动,在等号左边设置变量 str_Rights,在等号右边输入表达式"split(Split(str_Rights,"所有者权益")(1).Trim," ")(1)"。在Else的分支中也添加一个"分配"活动,在等号左边设置变量 str_Rights,在等号右边输入表达式"split(Split(str_Rights,")合计")(1).Trim," ")(0)"。

在"IF条件"活动的下方添加一个"日志消息"活动,在"消息"处输入""股东权益"+ str_Rights"。

序列整体效果如图8-38所示。

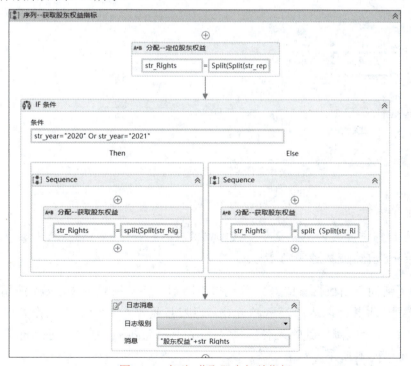

图8-38 序列--获取股东权益指标

(14)在"遍历循环"活动的"正文"中添加"Excel应用程序范围"活动,将其命名为"Excel 应用程序范围--保存指标数据",在"工作簿路径"处输入""贵州茅台杜邦分析体系计算表格.xlsx"",如图8-39所示。

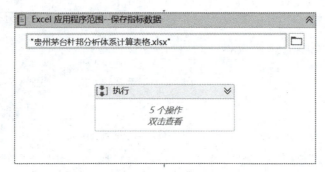

图8-39 Excel应用程序范围--保存指标数据

(15) 在"活动"面板搜索"写入单元格"活动,将其拖曳至"Excel 应用程序范围"活动的执行中,将其命名为"写入单元格--写入年份",在"工作表名称"处输入""Sheet1"",在"范围"处输入表达式"chr(66+int_index)+"2"",在"值"处设置变量str_year,如图8-40所示。

图8-40 写入单元格--写入年份

> **提示:**
> chr函数返回与指定的ANSI字符代码相对应的字符,int_index默认值为0,chr(66+int_index)表示chr(66)返回结果为字母B。

(16) 在"活动"面板搜索"写入单元格"活动,将其拖曳至"Excel 应用程序范围"活动的执行中,将其命名为"写入单元格--写入营业收入",在"工作表名称"处输入""Sheet1"",在"范围"处输入表达式"chr(66+int_index)+"3"",在"值"处设置变量str_income,如图8-41所示。

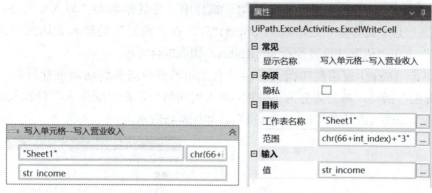

图8-41　写入单元格--写入营业收入

(17) 再添加一个"写入单元格"活动至执行中，将其命名为"写入单元格--写入利润总额"，在"工作表名称"处输入""Sheet1""，在"范围"处输入表达式"chr(66+int_index)+"4""，在"值"处设置变量str_profit，如图8-42所示。

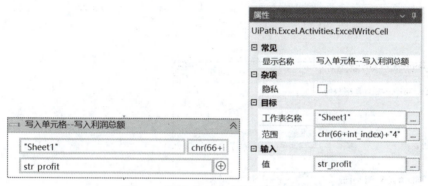

图8-42　写入单元格--写入利润总额

(18) 再添加一个"写入单元格"活动至执行中，将其命名为"写入单元格--写入资产总额"，在"工作表名称"处输入""Sheet1""，在"范围"处输入表达式"chr(66+int_index)+"5""，在"值"处设置变量str_asset，如图8-43所示。

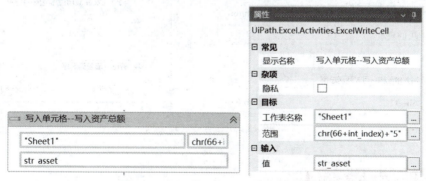

图8-43　写入单元格--写入资产总额

(19) 再添加一个"写入单元格"活动至执行中,将其命名为"写入单元格--写入股东权益",在"工作表名称"处输入""Sheet1"",在"范围"处输入表达式"chr(66+int_index)+"6"",在"值"处设置变量 str_Rights,如图8-44所示。

(20) 单击"Excel 应用程序范围"活动右上角的折叠箭头将活动进行折叠,在活动下方添加"分配"活动,将其命名为"分配--填入列递增",在"受让人"处输入int_index变量,在"值"处输入表达式"int_index+1",如图8-45所示。

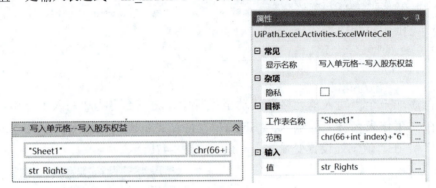

图8-44　写入单元格--写入股东权益

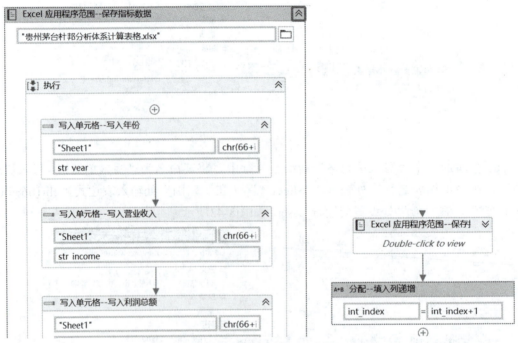

图8-45　分配--填入列递增

三、循环读取指标数据

(1) 在"活动"面板中搜索"序列"活动,将其拖曳至"序列--循环读取PDF文件"的下方,并将其命名为"序列--读取指标数据",如图8-46所示。

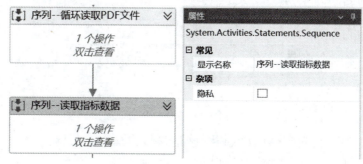

图8-46 序列--读取指标数据

(2) 在"变量"面板中创建变量int_num，设置变量类型为Int32、范围为杜邦分析体系、默认值为17，如图8-47所示。

名称	变量类型	范围	默认值
int_num	Int32	杜邦分析体系	17

图8-47 创建变量

(3) 在"活动"面板中搜索"先条件循环"活动，将其拖曳至"序列--循环读取指标数据"中，并将条件设置为"int_num<=20"，如图8-48所示。

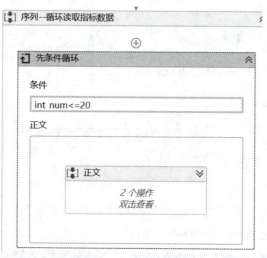

图8-48 "先条件循环"活动

(4) 在"活动"面板中搜索"Excel应用程序范围"活动，将其拖曳至"先条件循环"的"正文"中，并将其命名为"Excel应用程序范围--读取数据指标"，在"工作簿路径"处输入""贵州茅台杜邦分析体系计算表格.xlsx""，如图8-49所示。

(5) 在"活动"面板中搜索"读取单元格"活动，将两个"读取单元格"活动拖曳至执行中，在"属性"面板的"工作表名称"处均输入""Sheet1""，在"单元格"处分别输入"chr(49+int_num)+"11""和"chr(50+int_num)+"11""，如图8-50所示。

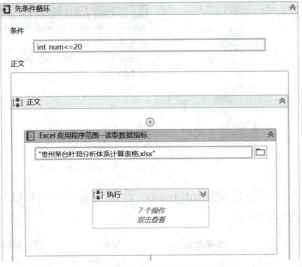

图8-49　Excel应用程序范围--读取数据指标

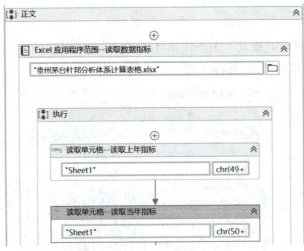

图8-50　"读取单元格"活动

(6) 在"读取单元格"活动的"属性"面板中，在"结果"处分别创建两个变量，变量名分别为LastYear和ThisYear，如图8-51所示。

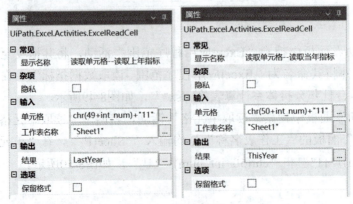

图8-51　属性设置

(7)在"变量"面板中将变量LastYear和ThisYear的变量类型设置为GenericValue，将范围设置为"杜邦分析体系"，如图8-52所示。

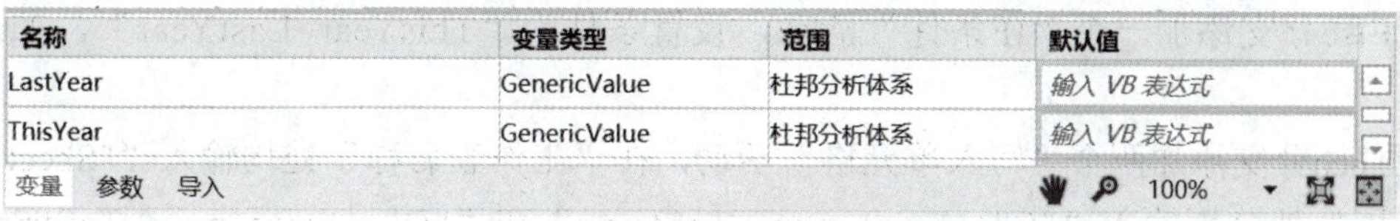

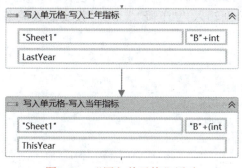

图8-52　变量设置

(8)在"读取单元格"活动的下方添加两个"写入单元格"活动，在"工作表名称"处均输入""Sheet1""，在"范围"处分别输入""B"+int_num.ToString"和""B"+(int_num+1).ToString"，在"值"处分别选择LastYear和ThisYear变量，如图8-53所示。

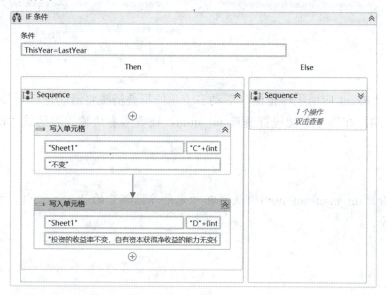

图8-53　"写入单元格"活动

(9)在"写入单元格"活动的下方添加一个"IF条件"活动，设置条件为"ThisYear=LastYear"。

在Then分支添加两个"写入单元格"活动，在"工作表名称"处均输入""Sheet1""，在"范围"处分别输入""C"+(int_num+1).ToString"和""D"+(int_num+1).ToString"，在"值"处分别输入""不变""和""投资的收益率不变，自有资本获得净收益的能力无变化""，如图8-54所示。

图8-54　IF条件Then分支

(10) 接下来设置Else分支，如果"IF条件"活动中没有显示Else分支，则可在Then分支设置完成后单击"Else"按钮。

在Else分支添加一个"IF条件"活动，设置条件为"ThisYear>LastYear"，如图8-55所示。

在Then分支添加两个"写入单元格"活动，在"工作表名称"处均输入""Sheet1""，在"范围"处分别输入""C"+(1+int_num).ToString"和""D"+(1+int_num).ToString"，在"值"处分别输入""上升""和""投资的收益率增大，自有资本获得净收益的能力提高""。

在Else分支同样添加两个"写入单元格"活动，在"工作表名称"处均输入""Sheet1""，在"范围"处分别输入""C"+(1+int_num).ToString"和""D"+(1+int_num).ToString"，在"值"处分别输入""下降""和""投资的收益率下降，自有资本获得净收益的能力降低""。

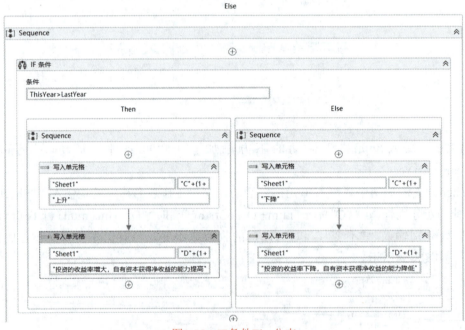

图8-55　IF条件Else分支

(11) 单击"Excel 应用程序范围"活动右上角的折叠箭头将活动进行折叠，在其下方添加"分配"活动，在等号左边设置变量 int_num，在等号右边输入表达式"int_num+1"，如图8-56所示。

❖ 提示：

只有将分配int_num=int_num+1设置在"先条件循环"的"正文"内，才会在循环时进行自动增量。

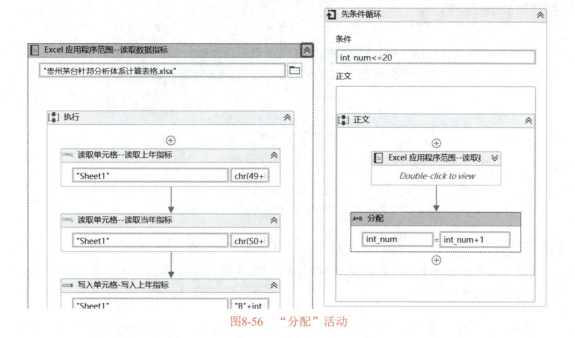

图8-56 "分配"活动

四、输出结果消息框

在流程的最后，添加一个"消息框"活动，在"文本"处输入""杜邦分析已完成，请查阅""，如图8-57所示。

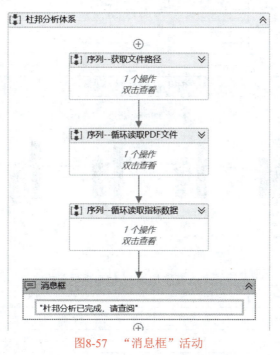

图8-57 "消息框"活动

至此，便完成了"杜邦分析机器人"流程的设计工作。

五、调试运行结果

回到主流程文件Main.xaml,运行整个流程并查看流程执行结果。待流程执行完成后,系统弹出消息框提示"杜邦分析已完成,请查阅",如图8-58所示。

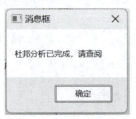

图8-58 分析完成

> ❖ 提示:
>
> 在实际开发工作中,程序员更倾向于使用"日志消息"活动,在不打断操作的同时可记录运行动作。

查看分析结果,贵州茅台杜邦分析体系计算表格中的B3至F6单元格已填入从财务报告PDF文件中识别得到的数据,B7至F11单元格已自动生成计算结果,贵州茅台杜邦分析的图表和分析结果也已生成,如图8-59所示。

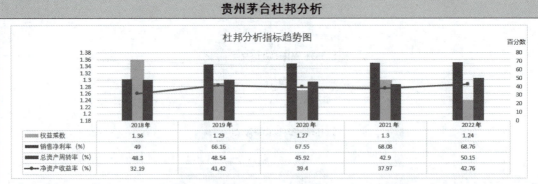

图8-59 分析结果

本章小结

本章案例首先通过循环读取PDF文件获取文本，在文本中定位和抓取财务数据，然后将数据循环填入Excel表格中，最后对数据进行判断和分析，并将分析结果写入Excel表格。由于本章案例中所用变量较多，图8-60中列示了案例中使用的变量，可供同学们参考。

名称	变量类型	范围	默认值
arr_PDFfilename	String[]	杜邦分析体系	输入 VB 表达式
str_content	String	杜邦分析体系	输入 VB 表达式
str_income	String	杜邦分析体系	输入 VB 表达式
str_profit	String	杜邦分析体系	输入 VB 表达式
str_Rights	String	杜邦分析体系	输入 VB 表达式
str_asset	String	杜邦分析体系	输入 VB 表达式
int_index	Int32	杜邦分析体系	输入 VB 表达式
LastYear	GenericValue	杜邦分析体系	输入 VB 表达式
ThisYear	GenericValue	杜邦分析体系	输入 VB 表达式
str_repord	String	杜邦分析体系	输入 VB 表达式
int_year	Int32	杜邦分析体系	输入 VB 表达式
str_IncomeStatement	String	杜邦分析体系	输入 VB 表达式
int_num	Int32	杜邦分析体系	17
str_year	String	杜邦分析体系	输入 VB 表达式

图8-60　贵州茅台杜邦分析体系变量

思考题

利用UiPath Studio实现外汇行情分析机器人的流程设计，业务需求如下。

进入"国家外汇管理局"官网，搜索"人民币汇率中间价"，将获取的人民币汇率中间价存储在Excel表中。

第九章

询证函自动填写机器人

传统环境下，审计人员大多采用人工的方式开展审计工作。随着信息技术的发展及其在审计领域中的应用，审计信息化成为必然。目前，审计人员已广泛应用信息技术开展审计管理工作，实现审计管理信息化。信息化环境下实施审计项目一般包括审计准备、审计实施、审计报告和审计结果执行四个阶段。其中，在审计实施阶段，审计数据采集、审计数据预处理和审计数据分析是三个关键步骤。尽管在审计过程中审计人员采用相关软件工具审计电子数据，提高了审计效率，但是不同阶段的审计工作，特别是跨多个系统的审计数据采集与审计数据分析工作仍然需要审计人员花很多的时间和精力去完成，有时在一个审计项目中，审计人员可能需要花很多时间去做一些重复性的工作。因此，应用自动化技术取代劳动密集型审计工作，实现审计工作的自动化，成为审计人员近年来追求的目标。

RPA技术的出现为解决这一问题提供了新的途径。RPA技术目前已得到实务界的广泛关注。普华永道(PwC)通过对丹麦18家企业的调查发现：有45%的人认为RPA技术将发展成为丹麦商界最具革命性的技术。RPA技术易于使用，在企业中已经取得了预期的成果。在会计领域，一些大型会计师事务所正在应用RPA技术。例如，毕马威会计师事务所与Automation Anywhere公司合作，应用RPA技术来提高税务和咨询服务的运作效率。

第一节　场景描述

在审计和合规流程中使用RPA可以带来以下效益。

(1) 更快、更准确的数据收集。审计工作的一个主要痛点就是数据收集。如果数据分散在多个系统中，那么审计人员在收集数据时就会非常耗时且容易出错。如果某项信息是错误的，那么整个审计工作都有可能会被打乱。然而，RPA可以自动收集各种来源的数据，并将其整合到一个系统中进行进一步分析。这不仅节省了时间，还减少了出错的可能性。

(2) 提高工作效率。审计中的RPA可以自动执行审计过程中的重复性和手动任务，使审计师可以腾出时间专注于更高价值的活动。例如，RPA可以生成标准报告、更新记录、准备文件、发送电子邮件等。这不仅使审计师的工作更容易，还减少了人为错误的风险。

(3) 提高审计质量。RPA在审计中可以通过提供一致的和可重复的过程来提高审计的质量。通过自动化关键任务，审计人员可以确保不遗漏任何步骤，准确收集数据。此外，审计中的机器人流程自动化可以提供关于审计进展的实时反馈，有助于尽早识别潜在的问题。

(4) 提高客户满意度。审计工作对审计人员和被审计人员来说都是一个痛点。在审计过程中，有很多规则和合规要求必须仔细完成。如果手动完成这些要求则需要花费大量的时间。RPA在审计和合规性方面可以精简流程，使其更有效率，从而提高所有相关方的满意度。

(5) 提升客户服务。审计人员经常需要收集客户信息，以完成审计工作。审计中的RPA可以通过发送电子邮件、安排会议和发送提醒来实现这一过程的自动化。这有助于改善客户服务，并使审计过程对所有参与者来说更加顺畅。RPA还可以通过提供更快的报告和其他交付物的周转时间来改善客户服务。

(6) 欺诈检测。RPA可以通过识别可能存在欺诈活动的数据模式来进行欺诈检测。例如，审计和合规方面的机器人流程自动化可以比较多个系统的数据，寻找差异，从而标记出欺诈的情况，以便进一步调查。

函证是指注册会计师为了获取影响财务报表或相关披露认定的项目的信息，通过来自第三方对有关信息和现存状况的声明，获取和评价审计证据的过程，如对应收账款余额或银行存款的函证。函证是注册会计师获取审计证据的重要审计程序，而在年报审计过程中，时间紧，任务重，如何缩短函证程序时间成为注册会计师行业关注的重点，尤其是当企业的往来款项数量较多时。经分析后发现询证函的填制环节是突破口，如果能及时且准确地填制询证函，就可以节省更多的时间。

据了解，往来款项询证函需要根据往来款项询证清单来填写，具体内容包括询证函的编号、询证企业名称、审计年份、询证企业明细账余额、填写日期和经办人姓名等。所有的询证函格式都是一致的，询证函模板文件如图9-1所示。案例企业的往来款项函证数据如图9-2和图9-3所示。填写完毕后，需要将每家企业的询证函单独保存。据估计，事务所每年需要录入的询证函有1000～1500份左右，每份手工录入大概需要2分钟，共用时长约为33～50小时，这将耗费大量的人力且容易出错，影响审计效率。

图9-1　询证函模板文件

科目编码	科目名称	期初余额		本年累计发生额		期末余额	
		借方金额	贷方金额	借方累计发生额	贷方累计发生额	借方金额	贷方金额
112202	应收账款-厦门京城实业有限公司	916,568.05		6,558,703.84	6,326,603.79	1,148,668.10	
112206	应收账款-福建信荣进出口有限公司	866,799.18		12,127,315.24	11,710,818.29	1,283,296.13	
112212	应收账款-深圳鑫雅达雨伞有限公司	-		11,302,758.36	10,858,030.13	444,728.23	
112215	应收账款-广州盛宏商贸有限责任公司	622,739.47		12,404,418.41	11,962,024.00	1,065,133.88	
112224	应收账款-唯品一汇（中国）有限公司	1,041,122.91		24,204,526.61	23,328,055.94	1,917,593.58	
112238	应收账款-凡克诚品	656,610.88		18,267,891.73	17,598,428.58	1,326,074.03	
112251	应收账款-淘宝宝（中国）有限公司	958,659.89		33,453,553.75	32,206,342.20	2,205,871.44	
112301	预付账款-北京晶弘实业有限公司			500,000.00		500,000.00	

图9-2　应收款项函证数据

科目编码	科目名称	期初余额		本年累计发生额		期末余额	
		借方金额	贷方金额	借方累计发生额	贷方累计发生额	借方金额	贷方金额
220201	应付账款-厦门艺纺贸易有限公司		236903.31	7734057.75	7927717.11		430562.67
220203	应付账款-湖北浩然纺织有限公司		177551.22	5795893.47	5618342.25		0
220210	应付账款-福建信泰钢铁有限公司		155951.2	2534128.65	2609370.39		231192.94
220215	应付账款-贺云五金制品有限公司		229100.54	7469293.27	7666605.71		426412.98
220219	应付账款-杭州钢绳股份有限公司		12717.78	206574.67	212793.53		18936.64
220222	应付账款-弘蒙雨具五金配件有限公司		138341.39	1657809.22	2314723.69		795255.86
220223	应付账款-赣州安邦雨伞配件有限公司		28751.42	466613	481067.76		43206.18
220235	应付账款-深圳市英烟雨配件加工厂		817276.39	19003776.24	19535202.95		1348703.1
220236	应付账款-福州和丰五金制品厂		17605.3	285418.38	294571.35		26758.27
220242	应付账款-吴江阳雨纺织有限公司		24855.42	401899.08	415880.05		38836.39
220303	预收账款-广州鸿蒙外贸有限公司		500000	4258000	4846550.25		1088550.25

图9-3　应付款项函证数据

经分析，询证函填制流程如图9-4所示。

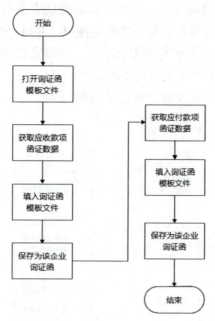

图9-4　询证函填制流程

第二节　流程设计

根据以上业务场景描述及流程分析，结合RPA属性，进行RPA流程设计，流程功能模块主要有以下两个，如表9-1所示。

表9-1　流程功能模块

序号	模块名称	主要功能
1	数据准备	准备询证函模板文件和企业函证数据，采用人机协同方式输入审计经办员
2	生成往来款项询证函	读取企业往来款项函证数据，分别填制询证函，并以企业名称单独保存

1. 数据准备

询证函模板文件与询证企业明细数据需要提前准备，以表格形式存储在本地，审计经办员可以采用人机协同方式输入；往来款项询证函包含应收款项询证函和应付款项询证函，且每一家企业以一个单独的文件保存，因此需要新增两个文件夹，分别为应收款项询证函和应付款项询证函，如图9-5所示。

图9-5　数据准备

2. 生成往来款项询证函

首先，需要复制询证函模板文件。其次，读取询证企业明细数据，其分别存储在不同的工作表中。最后，将数据填写在询证函模板文件中，并以"企业名称+询证函"命名，存储在本地。注意，在填写询证企业明细账余额时，应收账款借方金额填写至"贵公司欠"栏，应付账款贷方金额填写至"欠贵公司"栏。

询证函自动填写机器人的流程设计图如图9-6所示。

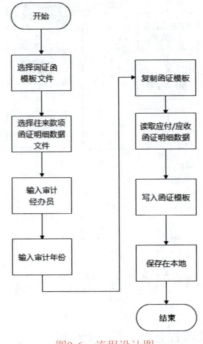

图9-6　流程设计图

询证函自动填写机器人.mp4

第三节　流程实现

在流程实现过程中，将涉及Excel自动化和日常文件的处理，具体开发流程如图9-7所示。流程实现过程中涉及的变量如图9-8所示。

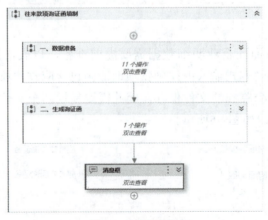

图9-7　开发流程

名称	变量类型	作用域
templatepath	String	往来款项询证函填制
dtpath	String	往来款项询证函填制
name	String	往来款项询证函填制
arr	String[]	往来款项询证函填制
paydata	DataTable	往来款项询证函填制
incomedata	DataTable	往来款项询证函填制
templatedata	DataTable	往来款项询证函填制
payfolder	String	往来款项询证函填制
incomefolder	String	往来款项询证函填制
folder	String	往来款项询证函填制

图9-8 涉及的变量

一、数据准备

数据准备阶段的流程框架如图9-9所示。

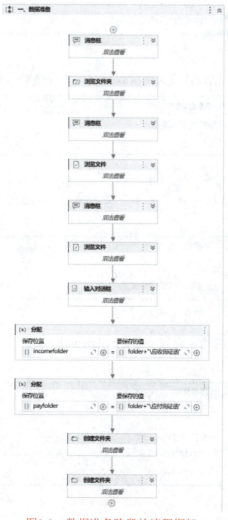

图9-9 数据准备阶段的流程框架

(1) 新建流程,将其命名为"往来款项询证自动填制",新建序列,将其命名为"一、数据准备",如图9-10所示。

图9-10 新建流程及序列

(2) 添加"消息框"活动,在"文本"处输入""请选择数据所在文件夹"",如图9-11所示。

图9-11 "消息框"活动

(3) 添加"浏览文件夹"活动,设置变量folder,用于存储数据文件夹路径,如图9-12所示。

图9-12 "浏览文件夹"活动

(4) 添加"消息框"活动,在"文本"处输入""请选择询证函模板文件!"",如图9-13所示。

图9-13 "消息框"活动

(5) 添加"浏览文件"活动,设置变量templatepath,用于存储模板文件路径,如图9-14所示。

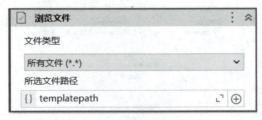

图9-14 "浏览文件"活动

(6) 添加"消息框"活动，在"文本"处输入""请选择企业询证明细表！""，如图9-15所示。

图9-15 "消息框"活动

(7) 添加"浏览文件"活动，设置变量dtpath，用于存储模板文件路径，如图9-16所示。变量templatepath和dtpath的相关设置如图9-17所示。

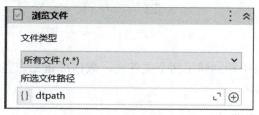

图9-16 "浏览文件"活动

名称	变量类型	作用域
templatepath	String	数据准备
dtpath	String	数据准备

图9-17 变量设置

(8) 添加"输入对话框"活动，在"输入标签"处输入""请输入审计经办员""，在"已输入的值"处设置变量name，用于存储已输入的值，如图9-18所示。

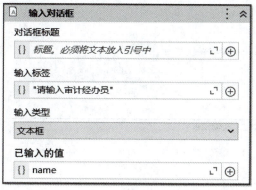

图9-18 "输入对话框"活动

(9) 添加两个"分配"活动，定义两个变量incomefolder和payfolder，用于存储文件夹路径，要保存的值分别为"folder+"\应收询证函""和"folder+"\应付询证函""，如图9-19所示。变量payfoler和incomefolder的相关设置如图9-20所示。

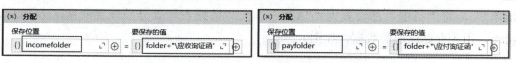

图9-19 "分配"活动

名称	变量类型	作用域
payfolder	String	序列
incomefolder	String	序列

图9-20　变量设置

(10) 添加两个"创建文件夹"活动，分别将"文件夹名称"设置为incomefolder和payfolder，如图9-21所示

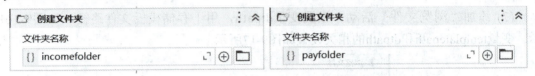

图9-21　"创建文件夹"活动

运行后，数据文件夹中新创建了两个文件夹，数据准备工作完成，如图9-22所示。

图9-22　数据准备工作完成

二、生成询证函

(1) 添加"序列"，将其命名为"二、生成询证函"，如图9-23所示。

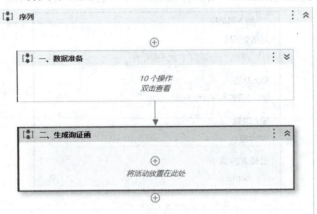

图9-23　新建序列

(2) 添加"Excel应用程序范围"活动，在"工作簿路径"处输入dtpath，添加两个"读取范围"活动，在"工作表名称"处分别输入""应收款项函证清单""和""应付款项函证清单""，将"范围"都设置为""A3""，在"数据表"处分别设置变量incomedata和paydata，用于存储读取的数据，如图9-24所示。

图9-24　读取企业函证数据

（3）添加"对于数据表中的每一行"活动，在"输入"处输入incomedata，开始循环，如图9-25所示。

图9-25　循环读取应收企业函证数据

（4）由数据表可知，表中的"科目名称"列为带有科目的企业名称，需要分解。添加"分配"活动，创建变量arr，其变量类型为string，在"要保存的值"处输入"split(CurrentRow(1).ToString,"-")"，如图9-26所示。

（5）添加"复制文件"活动，用于将询证函模板文件复制到应收询证函文件夹，在"来源文件夹"处输入"templatepath"，在"目标文件夹"处输入"incomefolder+"\ "+arr(1)+"-询证函.xlsx""，如图9-27所示。

图9-26　获取企业名称

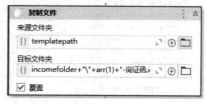

图9-27　复制询证函模板文件

（6）添加"Excel应用程序范围"活动，在"工作簿路径"处输入"incomefolder+"\"+arr(1)+"-询证函.xlsx""，添加5个"写入单元格"活动，按照图9-28所示内容分别写入企业名称、截止日期、往来金额、当前日期及审计经办员。

❖ **提示：**

当前系统日期的获取：now.year.ToString+"年"+now.month.ToString+"月"+now.day.ToString+"日"。

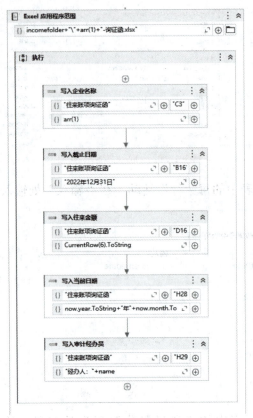

图9-28 写入函证数据

运行后可以发现：企业应收账款明细如图9-29所示；在应收询证函文件夹内存有以"企业名称+询证函"命名的表格文件，如图9-30所示；每个表格文件中是机器人自动填写好的企业应收询证函，如图9-31所示。

科目编码	科目名称	期初余额		本年累计发生额		期末余额	
		借方金额	贷方金额	借方累计发生额	贷方累计发生额	借方金额	贷方金额
112202	应收账款-厦门亦城实业有限公司	916,568.05		6,558,703.84	6,326,603.79	1,148,668.10	
112206	应收账款-福建信荣进出口有限公司	866,799.18		12,127,315.24	11,710,818.29	1,283,296.13	
112212	应收账款-深圳鑫雅达雨伞有限公司	-		11,302,758.36	10,858,030.13	444,728.23	
112215	应收账款-广州盛宏商贸有限责任公司	622,739.47		12,404,418.41	11,962,024.00	1,065,133.88	
112224	应收账款-唯品一汇（中国）有限公司	1,041,122.91		24,204,526.61	23,328,055.94	1,917,593.58	
112238	应收账款-凡克诚品（中国）有限公司	656,610.88		18,267,891.73	17,598,428.58	1,326,074.03	
112251	应收账款-淘宝宝（中国）有限公司	958,659.89		33,453,553.75	32,206,342.20	2,205,871.44	
112301	预付账款-北京晶弘实业有限公司			500,000.00		500,000.00	

图9-29 企业应收账款明细

名称	修改日期	类型	大小
北京晶弘实业有限公司-询证函.xlsx	2023-06-16 8:22	Microsoft Excel ...	52 KB
凡克诚品（中国）有限公司-询证函.xlsx	2023-06-16 8:22	Microsoft Excel ...	52 KB
福建信荣进出口有限公司-询证函.xlsx	2023-06-16 8:21	Microsoft Excel ...	52 KB
广州盛宏商贸有限责任公司-询证函.xlsx	2023-06-16 8:21	Microsoft Excel ...	52 KB
厦门亦城实业有限公司-询证函.xlsx	2023-06-16 8:22	Microsoft Excel ...	52 KB
深圳鑫雅达雨伞有限公司-询证函.xlsx	2023-06-16 8:21	Microsoft Excel ...	52 KB
淘宝宝（中国）有限公司-询证函.xlsx	2023-06-16 8:22	Microsoft Excel ...	52 KB
唯品一汇（中国）有限公司-询证函.xlsx	2023-06-16 8:22	Microsoft Excel ...	52 KB

图9-30 应收询证函文件夹内文件

图9-31 企业应收询证函

(7) 对于应付询证函的填写，步骤同上。添加"对于数据表中的每一行"活动，在"输入"处输入paydata，开始循环，如图9-32所示。

图9-32 循环读取应付企业函证数据

(8) 由数据表可知，表中的"科目名称"列为带有科目的企业名称，需要分解。添加"分配"活动，创建变量arr，其变量类型为String，在"要保存的值"处输入"split(CurrentRow(1). ToString,"-")"，如图9-33所示。

图9-33 获取企业名称

(9) 添加"复制文件"活动，用于将询证函模板文件复制到应收询证函文件夹，在"来源文件夹"处输入"templatepath",在"目标文件夹"处输入"payfolder+"\"+arr(1)+"-询证函.xlsx"",如图9-34所示。

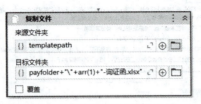

图9-34 复制询证函模板文件

（10）添加"Excel应用程序范围"活动,在"工作簿路径"处输入"payfolder+"\"+arr(1)+"-询证函.xlsx"",添加5个"写入单元格"活动,按照图9-35所示内容分别写入企业名称、截止日期、应付款项金额、当前日期及经办员。

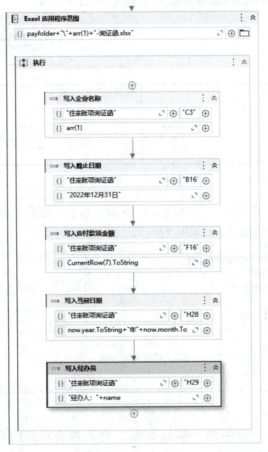

图9-35 写入函证数据

运行后可以发现：企业应付账款明细如图9-36所示；在应付询证函文件夹内存有以"企业名称+询证函"命名的表格文件,如图9-37所示；每个表格文件中是机器人自动填写好的企业应付询证函,如图9-38所示。

科目编码	科目名称	期初余额		本年累计发生额		期末余额	
		借方金额	贷方金额	借方累计发生额	贷方累计发生额	借方金额	贷方金额
220201	应付账款-厦门艺纺贸易有限公司		236903.31	7734057.75	7927717.11		430562.67
220203	应付账款-湖北浩然纺织有限公司		177551.22	5795893.47	5618342.25		0
220210	应付账款-福建信泰钢铁有限公司		155951.2	2534128.65	2609370.39		231192.94
220215	应付账款-贺云五金制品有限公司		229100.54	7469293.27	7666605.71		426412.98
220219	应付账款-杭州钢绳股份有限公司		12717.78	206574.67	212793.53		18936.64
220222	应付账款-弘蒙雨具五金配件有限公司		138341.39	1657809.22	2314723.69		795255.86
220223	应付账款-赣州安邦雨伞配件有限公司		28751.42	466613	481067.76		43206.18
220235	应付账款-深圳市英烟雨伞配件加工厂		817276.39	19003776.24	19535202.95		1348703.1
220236	应付账款-福州和丰五金制品厂		17605.3	285418.38	294571.35		26758.27
220242	应付账款-吴江阳雨纺织有限公司		24855.42	401899.08	415880.05		38836.39
220303	预收账款-广州鸿蒙外贸有限公司		500000	4258000	4846550.25		1088550.25

图9-36　企业应付账款明细

名称	修改日期	类型	大小
福建信泰钢铁有限公司-询证函.xlsx	2023-06-16 8:22	Microsoft Excel ...	52 KB
福州和丰五金制品厂-询证函.xlsx	2023-06-16 8:23	Microsoft Excel ...	52 KB
赣州安邦雨伞配件有限公司-询证函.xlsx	2023-06-16 8:22	Microsoft Excel ...	52 KB
广州鸿蒙外贸有限公司-询证函.xlsx	2023-06-16 8:23	Microsoft Excel ...	52 KB
杭州钢绳股份有限公司-询证函.xlsx	2023-06-16 8:22	Microsoft Excel ...	52 KB
贺云五金制品有限公司-询证函.xlsx	2023-06-16 8:22	Microsoft Excel ...	52 KB
弘蒙雨具五金配件有限公司-询证函.xlsx	2023-06-16 8:22	Microsoft Excel ...	52 KB
湖北浩然纺织有限公司-询证函.xlsx	2023-06-16 8:22	Microsoft Excel ...	52 KB
厦门艺纺贸易有限公司-询证函.xlsx	2023-06-16 8:22	Microsoft Excel ...	52 KB
深圳市英烟雨伞配件加工厂-询证函.xlsx	2023-06-16 8:22	Microsoft Excel ...	52 KB
吴江阳雨纺织有限公司-询证函.xlsx	2023-06-16 8:23	Microsoft Excel ...	52 KB

图9-37　应付询证函文件夹内文件

往来账项询证函

致：福建信泰钢铁有限公司　　　　　　　　　　　　索引号：　ZD-10

本公司聘请的　立信会计师事务所（特殊普通合伙）广东分所　正在对本公司2022年度财务报表进行审计，按照中国注册会计师审计准则的要求，应当询证本公司与贵公司的往来账项等事项。下列信息出自本公司账簿记录：
(1) 如与贵公司记录相符，请在本函下端"信息证明无误"处签章证明；
(2) 如有不符，请在"信息不符"处列明不符项目并签章；
(3) 如存在与本公司有关的未列入本函的其他项目，请在"信息不符"处列出这些项目的金额及详细资料签章。

回函请寄至：　立信会计师事务所（特殊普通合伙）广东分所　，地址及联系方式如下：

回函地址：　广东省广州市天河区林和西路12号海央大厦8楼
联系人：　莫奕　　　　　　电话：　(020) 63510812　　邮政编码：　510000
电子邮箱：diyi@outlook.com

截止日期	贵公司欠	欠贵公司	备注
2022年12月31日		231192.94	

本函仅为复核账目之用，并非催款结算。若账项在上述日期之后已经付清，仍请及时函复为盼。

(公司盖章)
2023年6月16日
经办人：213

信息证明无误	信息不符及需加证明事项（详签附后）
(公司盖章) ＿＿年＿月＿日 经办人：	(公司盖章) ＿＿年＿月＿日 经办人：

图9-38　企业应付询证函

(11) 添加"消息框"活动,在"文本"处输入"询证函填制完毕",如图9-39所示。

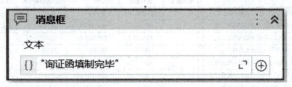

图9-39 "消息框"活动

✄ 本章小结

本章主要通过往来款项询证函自动填制流程的分析、设计及开发介绍了RPA在审计中的应用,还介绍了Excel自动化模块控件和日常文件处理的复制文件控件的应用。

✄ 思考题

列举RPA在审计中的应用场景。

第十章

RPA在智能会计中的应用趋势

第一节 RPA与其他数智技术的融合

一、RPA与大数据技术的融合在智能会计中的应用场景

智能会计是将RPA和大数据技术相结合应用在会计领域的一种创新方式。通过自动化、智能化的信息处理和数据分析,智能会计可以提高会计工作的效率、准确性和可靠性,并为企业提供更深入的财务分析和决策支持。以下是智能会计在不同场景下的应用和相关研究综述。

(1) 会计数据采集与处理。RPA技术可以自动采集和整理各种财务数据,如票据、发票、银行对账单等,减少人工干预和错误,提高数据处理效率。大数据技术可以实时处理庞大的会计数据,进行自动分类、清洗和整合,为后续分析提供高质量的数据基础。

(2) 财务报表生成与分析。RPA可以自动从财务系统中提取数据,生成标准化的财务报表,提高报表准确性和及时性。大数据技术可以分析大规模的财务数据,检测异常情况,分析趋势,比较业绩指标,为财务报告提供深入洞察。

(3) 风险管理与审计。RPA可以自动执行风险评估和内部控制测试,提高风险管理和合规性,减少人为疏漏。大数据技术可以分析海量数据,识别异常模式和风险信号,有助于发现潜在的财务风险。

(4) 预测与决策支持。RPA和大数据技术相结合,可以对历史会计数据进行模型建立和预测,为企业提供财务规划和决策支持,基于大数据的智能会计系统可以通过数据挖掘和机器学习技术,分析企业财务数据、市场数据和行业数据,提供更准确的预测结果和战略建议。

综合来看,智能会计基于RPA和大数据技术的融合,可以在会计数据处理、财务报表生成、风险管理、审计和决策支持等方面发挥重要作用。

二、RPA与NLP的融合在智能会计中的应用场景

智能会计中融合RPA和NLP(natural language processing,自然语言处理)技术的应用场景是一个新兴领域,它将自动化、智能化和语言理解相结合,进一步提升了会计工作的效率和准确性。以下基于研报、网络文章、杂志和国内外文献的综述,对RPA+NLP在智能会计中的应用场景进行分类和详尽描述。

(1) 自动化数据采集与处理。RPA+NLP可以自动从多种渠道采集会计数据,并进行自动整理和处理。例如,通过NLP技术,智能机器人可以理解和处理财务文件中的文字信息,如发票、报表等。同时,RPA技术可以实现自动化的数据提取和录入操作,减少人工干预和错误。研究报告 Intelligent Accounting System Based on RPA and NLP 中指出,该应用场景已经在一些企业中得到了实际应用,大大提高了数据处理的效率和准确性。

(2) 财务报表生成与分析。RPA+NLP可以自动从财务系统中提取数据,并基于自然语言理解技术,生成标准化的财务报表。此外,NLP技术还可以实现对财务报表的智能分析和解读,为企业提供更深入的财务洞察和决策支持。例如,文章 The Application and Prospect of RPA and NLP in Intelligent Accounting 中介绍了一个基于RPA和NLP的智能会计系统,可以自动生成财务报表,并通过NLP技术对报表数据进行语义分析,提供准确的财务分析结果。

(3) 风险管理与审计。RPA+NLP可以应用在风险管理和审计领域,自动识别潜在的风险和异常情况。通过NLP技术,智能机器人可以理解和分析财务文件中的文字信息,并与内部控制规定进行匹配和验证。同时,RPA技术可以自动执行风险评估和内部控制测试任务,提高风险管理和合规性。研究报告 Application of RPA and NLP in Risk Management and Audit of Intelligent Accounting 中提到,该应用场景已经在一些金融机构中得到了广泛应用,有效地减少了风险和错误的发生。

(4) 自然语言查询与交互。RPA+NLP可以实现智能会计系统的自然语言查询和交互,使用户可以通过自然语言与系统进行沟通和交流。通过NLP技术,智能机器人可以理解和解释用户的问题,并根据问题进行相应的数据查询和分析。一些企业已经将RPA和NLP引入客户服务和财务咨询领域,提供自然语言交互式的智能会计服务。

以上应用场景不仅提高了会计工作的效率和准确性,还为企业的财务决策和战略规划提供了更可靠和更深入的数据支持。

三、RPA与知识图谱的融合在智能会计中的应用场景

当把RPA与知识图谱相结合,将会为智能会计带来更广阔的应用场景。RPA可以实现自动化的数据处理和任务执行,而知识图谱则提供了丰富的结构化知识和语义关联,使得智能会计系统能够更好地理解和利用财务领域的知识。

(1) 智能化报表合规性验证。结合RPA和知识图谱,智能会计系统能够自动从财务系统中提取数据,并通过知识图谱的结构化知识进行报表合规性验证。知识图谱中包含了财务报表相关的法规、准则和规范等信息,智能机器人可以自动匹配财务数据与知识图谱中的合规规定,验证报表的准确性和合规性。这种应用场景在提高报表质量、降低风险的同

时，大大节省了审计人员的工作时间和精力。

(2) 自动化风险识别与预警。RPA+知识图谱的应用在风险管理和审计中具有重要意义。通过结合RPA和知识图谱，智能会计系统可以自动从大量的财务数据中提取关键信息，与知识图谱中的风险模型进行匹配，快速识别潜在风险并生成预警信息。例如，在一家企业的会计系统中，通过将RPA机器人与知识图谱相结合，实现了对异常交易、虚假账目等风险因素的自动识别，并生成了预警报告，帮助企业及时采取措施避免可能发生的财务风险。

(3) 智能化财务决策支持。基于RPA+知识图谱的智能会计系统可以更好地支持财务决策过程。通过知识图谱存储的企业财务知识，系统可以根据特定决策需求，自动提供相关的财务数据、指标和分析结果。例如，一个智能会计系统结合RPA和知识图谱技术，可以根据特定的投资决策需求，自动提供企业财务状况、盈利能力、偿债能力等方面的指标，帮助管理层做出明智的财务决策。

(4) 自然语言查询与知识检索。RPA+知识图谱的应用还可以实现智能会计系统的自然语言查询和知识检索功能。用户可以通过自然语言与智能机器人进行交互，向系统提出问题或查询特定财务知识。系统通过结合RPA机器人的自动化处理能力和知识图谱的知识储备，可以快速回答用户的问题或提供相关的财务知识。这种自然语言查询和知识检索的方式，提升了用户体验和系统的智能化程度。

综上所述，RPA+知识图谱在智能会计领域的应用场景包括智能化报表合规性验证、自动化风险识别与预警、智能化财务决策支持，以及自然语言查询与知识检索。结合RPA和知识图谱的优势，能够更好地处理和分析财务数据，在合规性、风险管理和决策支持等方面提供强大的支持。

第二节　RPA技术发展趋势

一、RPA+AI发展趋势

RPA和AI的结合可以为企业带来更高级别的自动化和智能化，提高效率和准确性。以下是RPA+AI发展趋势的一些要点。

(1) 智能识别和处理非结构化数据。RPA通常用于处理结构化和半结构化数据，但在实际的业务流程中，大量的数据是非结构化的，如电子邮件、合同文档、图像等。AI技术可以通过自然语言处理(NLP)、计算机视觉和机器学习等技术，帮助RPA系统识别和处理这些非结构化数据，提高自动化流程的准确性和灵活性。

(2) 自动化决策和智能推断。传统的RPA系统往往是基于预定义的规则和工作流程运行的，但是随着AI的发展，RPA系统可以具备更高级别的决策能力。通过结合机器学习和推理引擎，RPA系统可以自动学习和适应业务规则进行智能决策，并根据实时数据和环境变化做出调整。

(3) 机器学习支持的自动化流程改进。RPA系统可以通过机器学习技术从历史数据中学习和挖掘流程模式，发现潜在的改进点和优化机会。例如，它可以通过分析大量的操作数据，在业务流程中识别出常见的错误或瓶颈，并提供改进建议或自动化修复方案。

(4) 人机协作和生态系统整合。RPA+AI的发展趋势是实现人与机器的有效协作。传统的RPA系统往往以取代人工为目标，但新的趋势是将RPA系统视为一个与人类员工共同工作的合作伙伴。RPA系统通过自动执行重复和烦琐的任务，释放人力资源，使人们能够专注于更有价值的工作。此外，RPA系统还可以与其他AI系统、数据分析平台和企业应用程序进行集成，形成一个自动化生态系统，实现全面智能化的企业运营管理。

(5) 跨行业应用和扩展。RPA+AI的发展不局限于特定的行业领域。它在金融服务、保险、制造业、零售等各个行业都有广泛的应用。随着技术的进一步发展和成熟，RPA+AI将进一步扩展到更多的领域和业务场景，并在提高效率和创造价值方面发挥重要作用。

RPA与AI的结合将推动自动化技术向更高级别发展，实现更智能、灵活和高效的商业流程。它将成为企业数字化转型中不可或缺的一部分，为企业带来巨大的竞争优势和创新机会。随着技术的不断发展和应用的逐渐深入，RPA+AI将为企业带来更多机遇和挑战。企业需要密切关注RPA+AI的发展趋势，并制订相应的战略规划和实施计划，以确保能够充分利用RPA+AI的潜力，实现数字化转型。

二、RPA SaaS化技术发展趋势

RPA作为一种自动化工具，正在迅速发展，并引领着企业数字化转型的浪潮。而RPA作为一项服务(RPA SaaS化)，进一步提升了其在企业中的可扩展性、灵活性和易用性。下文将结合一些研报和前沿研究探讨RPA SaaS化技术的发展趋势。

(1) 云计算驱动RPA SaaS化。云计算是驱动SaaS (软件即服务)模式发展的重要因素之一。随着云计算技术的成熟和普及，企业可以将RPA工具和平台部署在云端，并通过订阅模式提供给用户。这种模式可以降低企业的IT成本，简化部署和维护，具有更高的可扩展性和灵活性。

(2) 开放式平台和生态系统。RPA SaaS化技术的发展趋势之一是建立开放式的平台和生态系统。通过开放的API接口和集成框架，RPA平台可以与其他企业应用程序、数据分析平台和人工智能系统等进行无缝集成，实现不同系统之间的数据交换和流程协同。这将带来更广阔的应用场景，并促进数字化转型的全面智能化。

(3) 企业级安全和合规性。随着RPA SaaS化的发展，对于企业级安全和合规性的要求也日益提高。RPA SaaS平台需要提供更高级别的数据保护、身份验证和访问控制等安全机制，确保客户数据的机密性和完整性。此外，合规性方面的要求也在不断提高，RPA SaaS平台需要遵守各种法规和标准，如GDPR、HIPAA等，以满足客户的合规性要求。

(4) 人工智能和认知技术的增强。RPA SaaS平台将逐渐融合更多的人工智能和认知技术，以增强其自动化能力。通过引入自然语言处理(NLP)、计算机视觉和机器学习等技术，RPA SaaS平台可以更好地识别和处理非结构化数据，实现更智能的决策和推断功能。这将

为企业带来更高级别的自动化和智能化。

(5) 低代码/无代码开发平台。为了进一步提升RPA SaaS化的易用性和灵活性，研究人员和厂商也在积极探索低代码/无代码(low-code/no-code) 开发平台。这种平台可以通过可视化的方式快速构建RPA流程和自动化任务，减少传统软件开发的复杂性和时间成本。通过这种平台，非技术人员也能够参与到RPA流程的建模和开发中，进一步推动RPA的普及和应用范围的扩大。

RPA SaaS化技术在企业数字化转型中具有广阔的发展前景。从云计算驱动、开放式平台和生态系统、企业级安全和合规性、人工智能和认知技术的增强，以及低代码/无代码开发平台等方面来看，RPA SaaS化将为企业带来更高级别的自动化和智能化，并促进企业实现数字化转型。然而，在实施RPA SaaS化时，企业需要综合考虑诸多因素，包括业务需求、安全性、可扩展性、成本效益等。企业应当根据自身情况选择合适的RPA SaaS平台，并制订详细的战略规划和实施计划，以确保能够最大限度地发挥RPA SaaS化技术的潜力。

三、RPA+流程挖掘技术发展趋势

RPA和流程挖掘技术在企业自动化领域倍受关注。它们的结合可以为企业带来更高级别的自动化效果，并帮助企业发现和优化业务流程中的潜在问题。下文将结合一些研报和前沿研究，探讨RPA+流程挖掘技术的发展趋势。

(1) 流程发现和分析。流程挖掘技术可以通过分析大量的历史数据，自动发现和提取现有的业务流程。通过与RPA技术结合，企业可以使用RPA机器人模拟执行这些流程，并收集实时数据以验证流程的准确性和有效性。这样的流程发现和分析可以帮助企业全面了解现有流程的状况，并发现改进的机会。

(2) 自动化流程重构和优化。基于流程挖掘的自动化流程重构是RPA+流程挖掘技术的重要发展方向之一。流程挖掘技术可以帮助企业识别当前业务流程中的瓶颈、冗余和错误，而RPA技术可以自动重构和优化这些流程，提高效率和准确性。通过自动化流程重构和优化，企业可以实现更高水平的自动化，并提高运营效益。

(3) 实时流程监控和预测。流程挖掘技术结合实时数据分析和机器学习方法，可以帮助企业实现对业务流程的实时监控和预测。通过对实时数据的分析，RPA+流程挖掘系统可以识别出异常情况和潜在问题，并及时触发预警机制或自动修复流程。这种实时流程监控和预测能力有助于企业更好地应对变化和风险，提高业务的稳定性和韧性。

(4) 智能决策和优化。结合流程挖掘技术，RPA系统可以通过分析历史数据和实时数据，学习和优化业务规则，提供智能决策功能。例如，在处理客户订单时，RPA系统可以通过流程挖掘技术学习不同的订单处理方式，并根据实时数据和需求优化订单处理流程，实现更高效的订单处理和更好的客户体验。

(5) 人机协作和协同工作。RPA+流程挖掘技术的发展趋势是实现更紧密的人机协作和协同工作。RPA机器人可以代替人工处理重复和烦琐的任务，释放人力资源，使企业员工能够专注于更有价值的工作。同时，RPA系统可以与员工共同工作，通过提供实时数据和决策支持，帮助员工更好地完成任务，并提供持续的流程改进建议。

综上所述，RPA与流程挖掘技术的结合将为企业带来更高级别的自动化和智能化效果，提高业务流程的效率和准确性。从流程发现和分析、自动化流程重构和优化、实时流程监控和预测、智能决策和优化，以及人机协作和协同工作等方面来看，RPA+流程挖掘技术在企业数字化转型中具有广阔的应用前景。然而，在实施RPA+流程挖掘技术时，企业可能会面临一些挑战，如数据质量把控、隐私保护、算法选择和人员培训等。企业应当根据自身需求和情况，选择合适的流程挖掘工具和RPA平台，并加强与相关领域的合作与交流，以推动该领域的发展和创新。

第三节　RPA助力企业财务数字化转型

一、完善财务数字化组织结构

企业要想从真正意义上实现财务数字化转型，必须重点关注财务数字化人才队伍建设，打造具有数字化技术能力、RPA技术能力的优秀财务人才队伍。首先，以财务机器人为基础的财务共享服务中心系统在企业中的运用，可以借助RPA技术提升不同业务流程的数字化水平，使得财务工作人员不再局限于传统的工作模式，而是将工作重心转移到经营管理层面、服务业务层面、决策支持层面等，在此情况下，要做好各项培训工作，引导相关的财务工作人员积极学习RPA技术的应用知识与技能。其次，建设人才队伍的过程中要求财务人员要具有财务专业技能、IT技能和管理技能，把财务团队建设成财务共享类型、业务财务融合类型、管理会计类型等综合人才队伍。可以将日常的财务工作业务和决策支持方面、IT技术方面深度整合，参与企业的决策和战略制定工作，使得业务和财务能够相互融合。有了人才的支持，企业财务工作才能更好地向数字化方向转型。

二、强化岗位职能升级

企业采用RPA技术进行财务数字化转型的过程中需要重点关注岗位职能的升级，保证岗位职能作用的发挥。

(1) 在使用RPA技术期间强调财务参与决策，凸显财务工作在企业中的核心作用。要求财务工作人员在RPA系统中重点记录企业交易数据信息、现金流数据信息，以及其他数据信息，各种信息全面汇总之后形成数据库系统。与此同时，要求在使用RPA软件系统的过程中从原本的财务数据向业务大数据方向转变，使用先进的大数据技术，重点挖掘有价值的信息内容，为企业提供相应的决策支持。在此过程中可以使用财务机器人系统进行数据信息的记录处理、加工处理、分析处理等，发挥大数据技术的辅助决策作用。

(2) 促进财务、业务、管理循环深度融合。使用RPA技术在财务工作过程中高效地采集和分析数据信息、做好加工和报告工作，提升效率的同时使得财务能够与业务、管理等进行有效融合，提供业务经营与决策管理方面的支持。

(3) 利用RPA技术进行企业财务数字化转型，还需要重点提高风险的预防与控制能力。

使用RPA技术可在财务数字化转型期间分析各类数据信息与财务业务结果之间的相互关系，判断财务风险与非财务风险，事前觉察企业在财务管理工作或其他工作中存在的风险，提出相应的解决措施。

本章小结

本章主要介绍了RPA与大数据、NLP、知识图谱等数智技术的融合在智能会计中的应用场景，以及RPA与AI、SaaS化、流程挖掘技术相结合的发展趋势。

思考题

请结合实际情况，说明RPA如何与自身工作相结合。